Andreas Hoffmann
Versteckt in Berlin

Andreas Hoffmann

Versteckt in Berlin

An geheimen Orten in der Hauptstadt

vbb

1. Auflage 2024

Binzstraße 19, 13189 Berlin
www.verlagberlinbrandenburg.de

Einbandgestaltung: Oda Ruthe, Braunschweig
Satz und Gestaltung: Ralph Gabriel, Berlin
Druck und Bindung: Finidr, s.r.o., Ceský Těšín

ISBN 978-3-96982-081-0

Inhalt

Einführung

„Eine Räuberhöhle ist gestern von Berliner Ausflüglern im Grunewald in der Nähe der Teufelssee-Chaussee in der Richtung nach dem Karlsberg entdeckt worden. Die in einer Schlucht belegene Höhle ist so eingerichtet, daß gerade ein Mann in die Öffnung einsteigen kann. Nach unten zu verbreitert sich der Schlupfwinkel auf etwa zwei Meter bei vier Meter Länge. Die Höhle ist mit Brettern verschalt und ziemlich wohnlich eingerichtet. Sofort hinzugeholte Gendarmen fanden darin einen Stapel Bretter und Hölzer, Sägen, Spaten, Hämmer usw. Auf einem Tisch stand ein Kochapparat, mehrere Flaschen Wein und Spiritus. Ferner wurden Decken und sonstiges Hausgerät vorgefunden. Allem Anschein nach handelt es sich um das Versteck einer Verbrecherbande, die übrigens wohl erst vor kurzer Zeit diesen Schlupfwinkel wohnlich gemacht hat."

Ein Räubernest im Grunewald! Diese Meldung des *Berliner Lokal-Anzeigers* aus dem Jahr 1908 mag in den Sesseln behaglicher Wohnzimmer wohligen Grusel erzeugt haben. Romantische Vorstellungen von Robin Hood, Rinaldo Rinaldini und dem ehrenwerten Schinderhannes, Bilder aus dem Forst von Nottingham und dem dunklen Spessart mit dem einsamen Wirtshaus mögen aufgekommen sein, Fantasien von verstecktem, fröhlichem Leben jenseits gesellschaftlichen Zwanges.

Ja, solange er lebt, steckt das Verstecken im Menschen. Das kleine Kind hält sich zehn Finger vor die Augen, um „gefunden" und dann umarmt zu werden. Der alternde Mensch, sich seiner Demenz schämend, kaschiert sein verschwimmendes Gedächtnis hinter zunehmender Schweigsamkeit.

Das Verb „verstecken", grammatisch besehen, funktioniert transitiv wie intransitiv. Es gestattet mithin zwei Perspektiven: Wer versteckt sich? Wer gewährt Versteck? Und die

Betrachtung wäre unvollständig ohne die Fragen nach dem Warum und dem Wo des Schlupfwinkels.

Nein, Verstecken ist kein Kinderspiel für die, die sich dazu genötigt sehen. Wer ernstlich sich verbirgt, auf Dauer oder nur für den Moment, Minuten, eine Stunde oder mehrere, verhält sich gegen eine von Staat oder Gesellschaft aufgestellte Norm, weil man ihr nicht folgen mag oder beim besten Willen nicht kann. Für die Dauer des Unterschlupfs macht sich die Person unsichtbar, entzieht sich allgemeiner Wahrnehmung und öffentlicher Beobachtung, nicht aber zwangsläufig der Teilnahme am Leben außerhalb ihrer unbemerkten Bleibe. Aus dem Versteck heraus lässt sich durchaus agieren, über Mittelsleute, Boten, Zuträger, heute auch über soziale Medien, konspirativ, kriminell, resilient. Man kann auch für kurz oder lang in persona auftauchen, unter verdeckter Identität, verkleidet, maskiert und mit falschem Namen in gefälschten Papieren, Susanne Albrecht als „Ingrid Jäger", Ernst Moritz Arndt als „Sprachmeister Allmann", Herbert Frahm als „Willy Brandt".

Der historische Kontext, in dem jemand sich verstecken musste, ist uns Heutigen fremder, je länger er her ist. Deutschland hat im Laufe seiner jüngsten Geschichte eine Liberalität erreicht, welche viele Umstände, die Menschen einst ins Versteck trieben, obsolet gemacht hat. Wen zwingt die Obrigkeit heutzutage, sich zu verbergen, weil ihm die Herstellung von Gold misslingt? Welche Katholiken lesen hierzulande ihre Messen hinter geschlossenen Türen und Fensterläden? Wer muss versteckt durch Tunnel robben, um von Berlin-Mitte nach Wedding zu gelangen? Andererseits wird es immer Gründe geben, Verstecke aufzusuchen, vor allem im kriminellen Milieu.

Wechsel der Blickrichtung: Was bewegt jemanden, Versteck, Asyl, Zuflucht zu gewähren und sich mit dieser Hilfsbereitschaft (oder Kumpanei) eventuell selbst in Gefahr zu begeben? Mut gehört immer dazu, ohne Zweifel. Hinzu kommen entweder Eigennutz oder Altruismus. Im letzteren Fall ein starkes Gewissen, das erlaubt, ja nachgerade dazu zwingt, im Konflikt zwischen individuellem, humanem Credo und öffentlich gefordertem Verhalten den *eigenen* Maßstäben zu folgen und dem Risiko zu trotzen, das der illegalen Tat des Verbergens in der Regel innewohnt. Da stellt sich ganz persönlich die Frage: Hätte ich als Zeitgenosse der Versecksuchenden ihnen trotz drohender Konsequenzen geheim meine Tür geöffnet, der Jüdin mit dem gelben Stern, dem Widerstandskämpfer, der radikalen Aktivistin, dem Flüchtling, der lesbischen Frau oder der Schwangeren ohne Trauschein? Oder hätte ich ihre Verfolgung gar gutgeheißen?

In einer Metropole wie Berlin jemanden oder sich zu verbergen ist aussichtsreicher als in einer kleinen Gemeinde, in der die soziale Kontrolle direkter ist. Mit den Worten des Berliner Schriftstellers Wolfdietrich Schnurre, „das Brave, das Ordentliche ist immer Provinz. Die Großstadt Berlin aber war nie ordentlich." Eine Stadt von der Größe und Unordnung Berlins bietet eine breitere Auswahl geeigneter Zufluchtsorte für den Augenblick und auf die Dauer: Schuppen, Keller, Dachböden, Zimmer, Gartenlauben oder sogar Wohnungen. Hier können, „Menschen in der Menge verschwinden", wie eine in der NS-Zeit widerständige Helferin, Ilse Vogel, es ausdrückte. „In den Großstädten kamen Menschen mit einem unangepassten Verhalten eher davon." Zumal in einer Stadt wie Berlin, wo – das merkte bereits Friedrich der Große – die „unruhigen, querulierenden Einwohner" leben, die so schwer zu regieren sind – bis heute. Entsprechend ausgeprägt ist die Bereitschaft, Nonkonformisten in Not Zuflucht zu gewähren, sei es aus Nächstenliebe, Barmherzigkeit, Mitgefühl, seien die Helfer Genossen, Sympathisantinnen, Gleichdenkende, Mitstreiterinnen, Kolleginnen, Freunde und deren Freunde. Wie wenige Heterosexuelle zeigten Männer an, die sich unerlaubt küssten, wie viele Biedere freuten sich anarchisch über „Dagoberts" Versteckspiel mit der Polizei, und wie stark erfuhr ein Widerstandskämpfer wie Willy Brandt die proletarische Solidarität in Berlins Arbeiterkiezen und im Prekariat der Laubenpieper. Aber auch in den Nachbarschaften des überaus gutbürgerlichen Berliner Westens: Wie viele Verfolgte in der Zeit des Nationalsozialismus fanden nicht dort ihr Obdach. Nicht allein politische Einstellung, Religiosität oder Lebensphilosophie begründen echte Hilfsbereitschaft, sondern zuvörderst ein selbstlos praktizierter Humanismus. Darin unterscheidet sich Berlin nicht von anderen Orten.

Beim Amtskollegen

Propst Nikolaus von Bernau

Ein Propst – was ist das? Es ist jemand, der einem Kirchsprengel vorsteht, ihn nach außen vertritt und nach innen administrativ führt: Verwaltungsleitung, Personalmanagement, heute wie im Mittelalter. Mit einem Unterschied: Der Mensch des europäischen Mittelalters war tiefgläubig, und entsprechend hatte das Wort eines Propstes, zumindest in dem von ihm verwalteten Bereich, wenn nicht darüber hinaus, Gewicht. Und das nicht nur in religiösen Dingen, sondern auch in weltlichen. Religion und Politik, Kirche und Staat waren verzahnt im Heiligen Römischen Reich, und häufig genug war Sand in dessen Getriebe. Dann nämlich, wenn es um Lehen, Länder, Leute ging, ganz einfach: um Macht.

So auch in der Mark Brandenburg im ersten Viertel des 14. Jahrhunderts. Der Landesherr, Markgraf Waldemar aus der Familie der Askanier, hatte keinen direkten Nachkommen, aber er hatte einen Vetter, Heinrich, den er als seinen Nachfolger vorsah. Heinrich war höchstens zwölf Jahre alt, als er im Juli 1320 ein knappes Jahr nach seinem Cousin starb. Die Nachwelt nannte Heinrich „das Kind". Das Kind hatte naturgemäß keine Kinder, die Mark nach dessen Tode mithin keinen legitimen Markgrafen mehr. Der deutsche König Ludwig, genannt „der Bayer", hatte nun als Lehnsherr das Recht, den neuen Landesherrn zu bestimmen. Er gab die Mark Brandenburg seinem eigenen Sohn, auch Ludwig mit Namen, ebenfalls ein Kind, etwa vier Jahre jünger als Heinrich, aber gesünder. Ganz legal. Denn mit Heinrich dem Kind, so meinte man, waren die Askanier ja im Mannesstamm ausgestorben. Doch waren sie das wirklich? Nein, nicht so richtig. Es fand sich ein Spross, Rudolf Herzog von Sachsen, der das Erbe beanspruchte. Als selbsternannter Vormund des kleinen Heinrich reiste er in die Mark, residierte in Spandau und regierte die Märker oder versuchte es wenigstens.

Die aber waren gespalten: pro Ludwig die einen, pro Rudolf die anderen. Mit dem Bayern hielten es Berlin und seine Nachbarstadt Cölln, mit Rudolf eine Reihe Geistlicher als verlängerte Arme des Papstes in Avignon. Doch die standen in der Doppelstadt an der Spree in schlechtem Ansehen. „Prister und leigen werden leider selden gude frunt. Dat komt von der papen gyricheit und unkuscheit", bekundet das Berlinische Stadtbuch jenes Jahrhunderts. Gierige und geile Popen: Wie konnten Priester und Laien da Freunde sein? Schlimm sollte es kommen!

Jahrmarkt war in Berlin, an einem Tag zwischen Januar und August 1324 (exakter geben es die Quellen nicht her), und es wimmelte von Menschen. *Die* Gelegenheit für den Propst von Bernau, Nikolaus, um lauthals gegen Ludwig zu agitieren. Mut oder Leichtsinn? Die Stimmung war gegen ihn, den verhassten Hofkaplan und Freund des ungewollten Rudolf. Und, so steht es in einem Schreiben Papst Johannes' XXII. im Oktober 1325, Berlins Prominenz wiegelte das Volk sogar noch auf: die Brüder Otto und Nicolaus von Buch, der Ratsmann Konrad von Köthen, die reiche Witwe des Bürgers Wilkin Kregenfuß und andere. Kurzum, es rumorte in den Straßen. Der kühne Propst bemerkte die Gefahr.

Stopp! An dieser Stelle muss die Geschichte unterbrochen werden, denn über das, was danach geschah, gibt es unterschiedliche Versionen. Wurde der mutige Propst unmittelbar nach seiner Predigt vom Publikum gefasst, gemordet und verbrannt? Oder konnte er sich vorher noch verstecken? Wir folgen der zweiten, etwas besser belegten, weniger schlecht kolportierten Variante.

Also, der gehasste Propst floh in die Klosterstraße. Dort wohnte sein Kollege Eberhard, Propst der Gemeinden St. Nikolai, St. Marien und St. Petri. Er bot ihm Unterschlupf. Vergeblich. Ein bewaffneter Haufe rückte heran und

Erschlagung des Nikolaus von Bernau, Buchillustration von Erich Gürtzig, 1954

fragte nach dem Versteckten. Eberhard soll ihnen, folgen wir der Darstellung des Historikers Oskar Schwebel, geantwortet haben, er sei bereits jenseits der Stadtmauer. Niemand glaubte es ihm. Die aufgebrachte Menge drang in das Haus ein, hat „den genannten Nikolaus gewaltsam daraus hervorgezogen und im Ungestüm der Wuth, öffentlich auf dem Scheiterhaufen verbrannt, vorher aber niedergeschlagen und getödtet". So heißt es, aus dem Lateinischen übersetzt, in Urkunden der Jahre 1335 und 1343. Die Ermittler der Kurie im fernen Avignon, die den Vorfall untersuchten, überspitzten die Ungeheuerlichkeit noch. Man habe des Propstes unverbrannte Knochen, „die treue und mitleidige Hände einsammelten und in kleinen Kapseln aufbewahrten", den Barmherzigen entrissen und erneut in das geschürte Feuer geworfen.

Unabhängig überprüfen lassen sich diese Angaben, die Historiker allein aus den päpstlichen Akten kennen, nicht. Für Berlin und Cölln hatten sie jedenfalls schwerwie-

Sühnekreuz neben dem Eingang der Marienkirche, 2022

gende Konsequenzen. Die beiden Brüder des Ermordeten aus Eberswalde und der Diözese Verden reichten in Avignon Klage ein, und Johannes XXII. übergab die Sache den Bischöfen von Kammin, Verden und Ratzeburg als Richter. Am Ende verhängte der Papst über Berlin und Cölln das Interdikt. Eine furchtbare Strafe! Das städtische Leben ein dauernder Karfreitag, die Kirchen geschlossen, keine Gottesdienste, keine Trauungen, keine Segnungen mehr, keine kirchlichen Begräbnisse, es sei denn, Bettelmönche nahmen sie vor. Weniger schlimm fürs Jenseits, fatal aber fürs Diesseits kam noch hinzu: Der Handel brach ein. Unter dem Fluch des päpstlichen Bannes verloren Berlins und Cöllns Kaufleute Kunden und Geschäftsfreunde.

Zwanzig Jahre zog sich das Verfahren hin, in das sich der junge Ludwig, nunmehr Markgraf, und sein Vater, der gleichnamige König, auf Seiten der Doppelstadt mehrmals einmischten. Über zwanzig Jahre Karfreitag, um Gottes willen! Erst im Juli 1347, als sich die Bürger zu Geldzahlungen an den Propst von Bernau und den Bischof von Brandenburg bereit erklärten, löste Papst Clemens VI. den Bann. Schon zwölf Jahre zuvor war ein Sühnevertrag zustande gekommen. Darin verpflichteten sich die Bürger Berlins und Cöllns, zehn Stück Goldes für einen Altar in St. Marien zu stiften. In nächster Nähe des Tatorts, da, wo der Propst von Bernau verbrannte (heute etwa: Spandauer Straße 4, Ecke Karl-Liebknecht-Straße), mussten sie ein Sühnekreuz mit einer ewigen Lampe errichten. Im Jahr 1726 wurde es umgesetzt neben das Portal der Marienkirche, wo es heute noch steht. Die ewige Lampe ging verloren. Geblieben sind die fünf Löcher, die der Steinmetz zu ihrer Halterung in den Stein gebohrt hatte. Gelingt es, so geht eine Mär, die fünf Finger einer Hand gleichzeitig in diese Löcher zu stecken, dann wendet sich das Kreuz. Bisher hat es noch niemand geschafft.

In der Kiste des Küsters

Hans Kohlhase

Als hätten Flora, Fauna und Technik zu gleichen Teilen Pate gestanden, heißt ein Flecken Berlins Kohlhasenbrück. Doch täuscht dies. Hier kommt ein Berliner Bürger zu Ehren, kein Industrieller wie in Siemensstadt, Borsigwalde oder Spindlersfeld, sondern ein Kaufmann. Ehrbar, aber mit einem Rechtsempfinden, so störrisch, so radikal, dass er am Ende seines vierzigjährigen Lebens dazu gezwungen war, sich zu verstecken.

„An den Ufern der Havel lebte, um die Mitte des sechzehnten Jahrhunderts, ein Roßhändler, Namens Michael Kohlhaas, Sohn eines Schulmeisters, einer der rechtschaffensten zugleich und entsetzlichsten Menschen seiner Zeit." So beginnt 1810 Heinrich von Kleists berühmte Novelle, nach Thomas Manns Dafürhalten die „vielleicht stärkste Erzählung deutscher Sprache". Ein starker Erzähler darf mit den Fakten frei verfahren. Auch Kleist: So stark seine Dichtung, so gering ihr Wahrheitsgehalt. Der Held seiner Novelle heißt Michael und seine Frau Lisbeth, Hans und Margarethe hießen die echten Kohlhases. Kleist lässt sie an der Havel wohnen und mit Pferden handeln. Tatsächlich lebten sie an der Spree und ihr Unterhalt waren Lebensmittel.

„A[nno] 1540. Montags nach Palmarum ist Hanns Kohlhase, ein Bürger zu Cölln an der Spree, mitsammt seinen Mitgesellen George Nagelschmid und einem Küster, der sie gehauset, für Berlin aufs Rad gelegt worden." So beginnt 1595 Peter Hafftitz, die Ereignisse in seiner *Märkischen Chronik* darzustellen. Er, ein Zeitgenosse Kohlhases, schrieb dessen Taten zeitnah auf, doch erlaubt sich auch ein Renaissance-Chronist poetische Freiheiten: Zauberei habe zu Kohlhases Ergreifung und Verurteilung geführt, und vom Rad herab habe sein gemarterter Leib noch „lange Zeit und über

Kohlhasenbrück um 1860

einen Monaht lang geblutet“. Soll heißen: Der Geräderte war unschuldig.

War er’s? Zur Sache: Auf dem Weg zur Leipziger Michaelismesse im Oktober 1532, seine Ware bereits vorausgeschickt, machen Kohlhase und ein Knecht im Krug von Wellaune Rast, etwa 25 Kilometer vor dem Ziel. Tumult entsteht. Bauern schimpfen den Kaufmann einen Pferdedieb. Ihr Grundherr Günther von Zaschwitz geht dazwischen. Er nimmt die Pferde mit dem Versprechen in Verwahrung, sie zu hüten, bis Kohlhase sie auf dem Rückweg abholt. Kohlhase und sein Knecht erreichen die Messestadt zu Fuß. Elf Tage später, auf dem Rückweg, fragt der Kaufmann nach seinen Pferden. Er findet sie ungepflegt, ermattet und abgemagert, noch dazu verlangt Zaschwitz Futter- und Stallgeld. Empört weigert sich Kohlhase zu zahlen, und Zaschwitz weigert sich, die Tiere herauszugeben. Der Kaufmann wendet sich an die Kurfürsten von Brandenburg und Sachsen als seinen und Zaschwitz' Landesherren. Es entwickelt sich ein modernes, anwaltlich geführtes, zivilrechtliches Verfahren. Ein Vergleich wird angebahnt, doch lehnen ihn beide Parteien ab, Kohlhase zuerst. Er sieht sich ungerecht behandelt und erklärt nun, 1534, nach unmodernem, altem Brauch Zaschwitz und dessen Kurfürsten die Fehde. Der Konflikt eskaliert. Schnell sammeln sich um Kohlhase, Heros des gemeinen Mannes, Hunderte. Sie brandschatzen das Kloster Zinna (wo Hafftitz, der Chronist, vier Jahre später eingeschult wird) und legen Feuer in Wittenberg. Kohlhase bittet Professor Luther (der Sage nach in seinem Haus) um Beistand, wenigstens um Rat. Der Reformator antwortet ihm am 8. Dezember 1534 schriftlich: „Unrecht wird durch ander Unrecht nicht zurecht bracht." Umsonst! Kohlhase verteilt die Beute dorthin, wo die Not am größten ist, oder übergibt sie Treuhändern. 1535 erbt Joachim II. die Mark Brandenburg. Anders als sein Vater, gestattet er seinem Kollegen aus Sachsen, auch in Brandenburg den Fehdeführer zu verfolgen. Nun ist Kohlhase auch seinem eigenen Landesherrn feind.

Anfang Februar 1540 kommt es zum Eklat. Bei dem Dorf Stolpe, am heutigen südwestlichen Stadtrand Berlins, führt eine Brücke über die Bäke, einen Fluss, den es heute nur noch in Resten gibt. Dort, bei dieser Brücke, verstecken sich Kohlhase und seine „Zuhälter", wie der Chronist dessen Freunde nennt, in einem Busch. Sie warten, so Hafftitz, auf „Conrad Dratzieher, des Churfürstens zu Brandenburg factor" mit seinem Silbertransport aus Mansfeld. Tatsächlich, die Wagen rollen heran, die Wegelagerer springen aus ihrem Versteck und versenken nach dem Überfall die wertvolle Fracht in der Bäke unter der „Brücken, die noch heutiges Tages Kohlhasens Brücke heißet". Nun gut, aber konnte man dem Bericht glauben? Einer tat es noch Jahrhunderte später: Heinrich Beyer, der spätere Besitzer von Kohlhasenbrück. Er schürfte nach dem Schatz. 1887 starb er. Gefunden hatte er nichts.

Kohlhase vor Luther, Lithografie von Gustav König, 1860

Kurfürst Joachim lockt nach dem Überfall Kohlhase in die Falle, indem er vorgibt, er wolle mit ihm in Verhandlungen treten, in Berlin, bei freiem Geleit. Doch Kohlhase ist gewarnt. Denn der Fürst lässt in den Straßen ausrufen, ihn zu „hausen oder hegen" sei bei Strafe „am Leibe" verboten, selbst in dessen eigenem Hause in Berlin.

Hierzu eine Anmerkung: Kohlhases Adresse ist nicht mehr bekannt. Lange hieß es fälschlich, er habe im Cöllnischen Fischerkiez gewohnt: In der Fischerstraße 27 hing eine Gedenktafel. Das Häuschen wurde 1872 abgerissen und der viergeschossige Neubau, dem es weichen musste, 1967, als man den Kiez kahlschlagsanierte. Die Erinnerungstafel hatte man 1872 ans Nachbargebäude, Nummer 28, geschraubt. Heute erstreckt sich dort der Parkplatz neben dem Wohnhochhaus Fischerinsel 1.

Wie auch immer, Kohlhase und seine „Zuhälter" zu beherbergen, ist im März 1540 strengstens verboten. Der Küster von St. Nikolai, Thomas Meißner, lässt ihn dennoch ein, den Helden der kleinen Leute. Schnell gerät sein Haus „im Gässlein bey S. Nicolai Schule“ nahe der Kirche in den Fokus der Fahnder. Am 8. März dringen sie ein. Kein Kohlhase ist zu finden – bis den Schergen die große Kiste des Küsters ins Auge fällt. Sie öffnen die Truhe. Da springt der Gesuchte aus dem Versteck und ruft: Hier „bin ich und trage in der Tatze, damit ich Büßen und bezahlen kann, was ich misshandelt“. Kohlhases Reue, sein Bußgeld in Händen, kommt jedoch zu spät. Ihm wird der Prozess gemacht. Drei Stunden lang hält Kohlhase vor Gericht seine Verteidigungsrede. Es hilft alles nichts. Die Richter verurteilen den Landfriedensbrecher und Räuber zum Tode durch das Schwert. Er aber besteht darauf zu sterben wie seine Freunde auch, nämlich auf dem Rad.

Das wird am 22. März 1540 vor dem Georgentor, dem heutigen Strausberger Platz, errichtet. Sterben werden dort Hans Kohlhase, der mutige Küster Thomas Meißner und George Nagelschmid, Kohlhases treuester „Zuhälter“. Sterben soll aber auch der, der Nagelschmid versteckte: der Berliner Bürger Püteletz. Der betagte Herr besteigt auf dem Neuen Markt an der Marienkirche das Schafott. Seine Frau ist freigesprochen, doch welch ein Mensch! Keine Gewalt, keine Macht kann sie von ihrem Gatten trennen. Sie hat „ihren Mann freündlich umfangen und mit einem Kuss gesegnet. Und weil sie alle beyde alte verlebte Leüte waren, sind sie auf einem Stuhle sitzende gerichtet worden.“

So erzählt Hafftitz. Und er weiß noch mehr: dass Kohlhases Gattin Margarethe ein zweites Mal Witwe wurde. Ihr neuer Mann, ein Tuchmacher, ertrank beim Baden in der Spree hinter seinem Hause an der Stralauer Straße. Hafftitz weiß auch, dass die Kurfürstin Hedwig Kohlhases Tochter als Hoffräulein zu sich nahm als Zeichen des Protests gegen das schändliche Verhalten ihres Gemahls. Das Fräulein Kohlhase heiratete Wolff Gobner, den Sohn eines Berliner Bürgers. Eheglück aber fand auch sie nicht. Die Frau, so Hafftitz, „ist endlich vom Manne entlaufen“.

Auf einsamer Insel

Johannes Kunckel

„Kann Kunckel Gold machen, so bedarf er kein Geld, kann er solches aber nicht, warum solle man ihm Geld geben?" Schnippisch und syllogistisch die Auskunft aus Dresden. Ein Herr Johannes Kunckel, „Geheimer Kammerdiener und Chymicum" des sächsischen Kurfürsten, hatte am Hofe ehrerbietigst um sein Salär gebeten. Im Jahr 1677. Aber: Kein Gold, kein Geld!

In dieser Situation erreichte den um 1630 geborenen und lange in Lauenburg tätigen Alchemisten ein Schreiben von Christian Mentzel. Mentzel war Leibarzt des Kurfürsten Friedrich Wilhelm von Brandenburg und lud Kunckel 1678 nach Berlin ein, um seinem Herrn von den „Chymischen Observationen" zu berichten. Den Kurfürsten interessierten offenbar weniger Kunckels Experimente mit Phosphor, dem soeben, 1669, entdeckten Element, nah am sagenhaften, Gold erzeugenden Stein der Weisen, mit dem im Gepäck Quacksalber Europas Höfe abklapperten. Friedrich Wilhelm interessierten mehr Kunckels Versuche mit Glas. Der Alchemist erhielt Audienzen. Die Bewerbungsgespräche erstreckten sich jedes Mal zwei bis drei Stunden bis in die Abende hinein, dann nahm ihn der Kurfürst unter Vertrag. Für ein garantiertes Jahresgehalt von 500 Talern plus Erstattung der Umzugskosten seiner Familie, des Labors, der Apparaturen und Materialien in Höhe von 150 Talern wechselte Kunckel seinen Dienstherrn.

Friedrich Wilhelm ebnete seinem neuen Geheimen Kammerdiener alle Wege. Kunckel konnte sein Labor zuerst in der Glashütte auf dem kurfürstlichen Vorwerk Drewitz einrichten und erhielt eine weitere am Hakendamm bei Babelsberg zur Pacht (wo ihm erstmals gelang, Rubinglas herzustellen). Zu eigen bekam er 1681 ein Wohnhaus in der Berliner Klosterstraße (das bereits 1695 zum Bau der Parochialkirche abgerissen wurde) und am 27. Oktober

Johannes Kunckel, Kupferstich, 1689

1685 den Pfauenwerder, die heutige Pfaueninsel. Dort durften er „und seine Leute frey Brauen, Backen, und Branntwein brennen […], auch mit aller nothdurfft an Victualien" sich versehen. So heißt es in der Schenkungsurkunde. „Und nachdem gedachter Johannes Kunckel sich bishero bemühet, neben dem schönsten Cristall allerhand rare Gläser zu Unserm sonderbahren gnädigsten gefallen, wie wol mit nicht geringen Kosten" herzustellen, erteilte ihm der Kurfürst obendrein Handelsmonopole und -privilegien, solange er nur die Produktionsverfahren verborgen hielt und seine Glasware zuerst immer dem Kurfürsten offerierte, besonders die „Corallen". Diese Glasperlen fanden als Tauschobjekte Anklang in Westafrika, wo Friedrich Wilhelm dabei war, eine kleine Kolonie zu errichten.

So bestand auf dem Pfauenwerder bei Kladow zehn Jahre lang ein Versteck der besonderen Art, ein brandenburgisches Murano. Wie in der Lagune von Venedig ging es auch in der Havel darum, die neuen Technologien, speziell zur Fertigung des in Adelskreisen an Beliebtheit gewinnenden Rubinglases, vor Spionen verborgen zu halten. Fremden war das Betreten der Insel verboten. Kunckel forschte im Geheimen. Denn ein Patentamt gab es nicht. Weder der Erfinder noch sein fürstlicher Finanzier hätten sich gegen Nachahmer im Ausland, beispielsweise in Sachsen, wirksam schützen können. Erst 1903 wurde Goldrubinglas im Deutschen Reich patentiert.

Am Hakendamm produzierte Kunckel, auf der waldigen Havelinsel experimentierte er. Im Jahr 1686 begann er mit dem Bau von Haus, Labor, Ofen und Hütte, im Jahr darauf mit der Arbeit. Er feuerte an und produzierte „schwarze Rauchwolken", so der Potsdamer Historiker Louis Schneider, die „der stillen Havel-Insel ein so unheimliches Ansehen gaben, daß der Kurfürstliche Kammerdiener in Potsdam und der ganzen Umgegend für einen Schwarzkünstler und Zauberer galt, der entsetzliche Dinge treiben müsse, da er absolut Niemanden auf die Insel und keinen seiner Leute von der Insel lasse".

Mit seinen Forschungen, speziell über die beste Art, Feuer zu kondensieren, kam Kunckel kaum voran. Nach zwei Jahren waren sie schon passé. Kunckels Mäzen und Protektor, Kurfürst Friedrich Wilhelm, starb am 9. Mai 1688 und – war es ein Unfall, war es Neid? – im Jahr darauf brannten seine Arbeitsstätten nieder, sowohl die Manufaktur am Hakendamm als auch das Geheimlabor auf der Insel. Der Alchemist war sich sicher: „Bei Absterben meines hochseligen Churfürstens ward mir meine Glass-Hütte und Laboratorium leichtfertiger Weise in den Brand gestecket." Der Verursacher blieb unbekannt.

Gedenkstein für Johannes Kunckel auf der Pfaueninsel, 2023

Unbekannt war auch, nachdem Kunckel die Insel verlassen und die Vegetation sein Anwesen vereinnahmt hatte, wo genau es einst stand. Am „östlichen Ufer der Insel finden sich bis heute einzelne verstreute Schlackenreste, die ungefähr die Stelle angeben, wo die ‚Alchemistische' Hütte stand", schrieb Theodor Fontane um 1870, und er lag nicht falsch. Seit 2007 weist ein Gedenkstein auf den Ort hin, zu finden vom Fähranleger rechts am Uferweg nach etwa 1 500 Metern. Grabungen in den Jahren 1972 bis 1974 legten zwischen stämmigen Eichen (so alt, dass wohl schon Kunckel sie kannte) Grundmauern frei: das unterkellerte Hauptgebäude, ein Ziegelbau, etwa 13 auf 8 Meter mit zwei Räumen, und daneben ein ähnlich großes Haus ohne Keller. Etwa dreißig Meter nördlich davon, im Gebüsch auf der anderen Seite der „Kunckelwiese", stießen die Archäologen auf die Reste eines Ofens und ganz in der Nähe des heutigen Gedenksteins auf übrig gebliebene Fußbodenziegel der Glashütte. Über die Pfaueninsel verstreut sammelten die Wissenschaftler Glasscherben, die zweifelsfrei nicht Ausflüglern, sondern Kunckel zuzuordnen waren: Goldrubinglas, Crystallglas und sogar Schlangenfadengläser, die eigentlich nur die Venezianer herstellen konnten. Kunckel konnte es also auch.

Mehr ein Opfer des Neids als im Genuss von Lob, sah sich der Emporkömmling namens Kunckel unter dem neuen Kurfürsten Friedrich III. Schikanen ausgesetzt. Statt ihn für den Brand zu entschädigen, setzte Kunckels neuer Arbeitgeber eine Enquete ein. Der Vorwurf: Veruntreuung. Beweise fand die Kommission nicht, weil es zu beweisen nichts gab. Ob ein bezahlter Laborant nötig gewesen sei, so viel Brennstoff und ein solcher Haufen an Chemikalien? Was sollte Kunckel sagen? Am Ende verlangte man noch Auskunft über den Nutzen seines Tuns. Kunckel: „Was mein Laboriren genutzt? Das verstehe ich nicht. Der hochselige Kurfürst war ein Liebhaber von seltenen und kuriosen Dingen und freute sich, wenn etwas zustande gebracht wurde, was schön und zierlich war." Was ist Schönheit wert? Schwer zu beantworten! Friedrich III. forderte von dem angeblich hinterzogenen Geld 8000 Taler zurück, zahlbar in vier Jahresraten. Zur Deckung des Betrags verkaufte Kunckel sein Haus in Berlin und anderes Eigentum. Über kurz oder lang aber wechselte er 1693 seinen Chef. Karl XI. von Schweden machte ihn zum Königlichen Bergrat, und nicht nur das, sondern auch zum Adligen. Der Alchemist starb 1703 als Johannes Kunckel von Löwenstern.

Beim Gewürzkrämer

Johann Friedrich Böttger

Ein authentisches Porträt von ihm gibt es nicht. Niemand kann mit Sicherheit sagen, an welchem Januar- oder Februartag 1682 ihn Ursula Böttger in Schleiz gebar. Auch wissen wir nicht, wann genau er, Halbwaise eines Münzmeisters, Stiefsohn eines Festungsbauingenieurs, sich 1696 von Magdeburg nach Berlin auf den Weg begab, um Apotheker zu werden. Fürwahr, wenig Präzises für eine Berühmtheit wie Johann Friedrich Böttger, den Erfinder weißen Hartporzellans in Europa.

Böttgers Ziel in Berlin war die weithin bekannte Apotheke von Friedrich Zorn am Molkenmarkt 4, Ecke Stralauer Straße (heute etwa auf dem Platz vor dem Alten Stadthaus). Der Pharmacopoeus, wie er sich selbst bezeichnete, und seine über dreißig Jahre jüngere zweite Frau Ursula Maria gehörten zu den Reichsten der Stadt. In dem Jahr, als sich der 14-jährige Böttger dem gelehrten Mann vorstellte, wurde dessen Apothekenneubau fertig. Im Keller die Materialien und Grundstoffe, zu ebener Erde Geschäft und Magazin, im ersten Geschoss das „chymische" Labor mit feinsten Geräten, einem Destillierofen und Zorns Schreibecke, daneben und darüber Wohnräume. Lehrherrnfamilie und Lehrlinge teilten sich Tisch und Dach.

Der Auszubildende war ein aufgeweckter, begabter Junge. „Rechnen und Schreiben, so viel, als einem Menschen ohne Profession darvon zu machen nöthig", schrieb Böttger in einer Art Lebenslauf 1709, „habe schon in meinem achten Jahre in ziemlicher Vollkommenheit gekunnt". Dazu einige Spritzer Magdeburger Lateinschule, dazu eine Tinktur Geometrie, Befestigungs- und Feuerwerkskunst des Stiefvaters: So ein „ungebildeter Knabe", wie ihn Gottfried Wilhelm Leibniz herablassend in den *Miscellanea Berolinensia* der Akademie der Wissenschaften 1710 nannte, kann er nicht gewe-

Friedrich Zorn, Kupferstich von Georg Paul Busch nach einem Gemälde von Friedrich Wilhelm Weidemann, 1719

sen sein. Kurzum, das apothekarische Tagesgeschäft füllte den wissbegierigen Burschen nicht aus. Wovon er in Zorns Bibliothek las und was dessen gelehrte Gäste berichteten, unter ihnen der abenteuerliche Alchemist Lascaris und der seriösere Johannes Kunckel, reizten Böttgers Fantasie: die Entzauberung des Steins der Weisen, der Substanz, von der man erwartete, dass sie unedle in edle Metalle verwandelt.

Mochte der Adept noch so begabt sein, dem Apotheker war wichtiger, dass der Bursche seinen täglichen Pflichten nachkam, und zwar *vor* der Labortür. Doch der Drang des

Jünglings ins Laboratorium, die nächtlichen Feuer unter den Kolben und Gläsern, die giftigen Dämpfe, die ihn einmal ohnmächtig auf die Dielen warfen, all das konnte Zorn nur wütend machen. Zweimal nahm Böttger Reißaus. Einmal wanderte er bis vor Breslau, ein andermal versteckte er sich wochenlang in der Friedrichstadt bei seinem Freund Christian Siebert, um gemeinsam mit den Stoffen zu experimentieren, die er aus der Apotheke hatte mitgehen lassen. Jedes Mal bereute der Junge seine Untreue bitterlich und jedes Mal ließ Zorn Gnade walten.

Böttgers dritte Flucht war endgültig. Lascaris, der als Mönch verkleidet unterwegs war, hatte Böttger zum Abschied im Sommer 1701 ein rotkristallines Pulver samt Rezept geschenkt, vermeintlich dazu geeignet, aus Blei Gold zu machen. Bei Siebert probierte Böttger es im Juli 1701 aus. Dort, berichtete er später, „habe ich aus Curiosité, und zwar weil ich des Mönches Vorgehen vor eine menschliche Schwachheit gehalten, im Beyseyn einigen Leute etwas weniges von obgedachtem Pulver an 2 Loth vom Mercurio probiret und wider Verhoffen mit Erstaunen befunden, daß alsbald draus feines Gold worden“. Unter den Zuschauern war auch derjenige, bei dem Böttger für seine Goldsuche Geld suchte und auch erhielt, Friedrich Röber, ein Gewürzkaufmann. Wenig später gelang das Experiment erneut – mit demselben Resultat. Es stand fest: Der Stein des Weisen war gefunden. Auch Kunckel und der Geheime Etatrat Friedrich Adolph von Haugwitz, gerade aus sächsischen in brandenburgische Dienste übergetreten, staunten. Zuletzt überzeugte sich auch der bis dato skeptische Friedrich Zorn. Einem Kollegen in Leipzig schilderte er, wie er Münzen im Gewicht von drei Lot (43,82 Gramm) wog und schmolz, wie Böttger – seit September 1701 nicht mehr sein Lehrling, sondern Geselle – ein Gran, also 0,06 Gramm, rote Tinktur hinzugab und wie „alsofort das feinste Gold an 3 Loth schwer geworden“ ist und danach „alle Proben ausgehalten“ hat. Jawohl, in Berlin fabrizierte man Gold.

Johann Friedrich Böttger, undatierte Lithografie

Die Nachricht schlug Wellen. Sie elektrisierte auch den brandenburgischen Kurfürsten. Anfang 1701 hatte er sich in Königsberg unter dem Namen Friedrich I. zum König des kleinen baltischen Landes Preußen gekrönt und barock so renommiert, dass seine Untertanen die Kosten kaum stemmen konnten. Abgesehen davon ist Gold stets eine willkommene Ressource. Der Monarch ließ dem jungen Mann ausrichten, er möge ihm sein Können präsentieren.

Böttger war diese Ehre nicht geheuer. Erfolglosen Goldmachern ging es häufig an den Kragen. Hals über Kopf, ohne sich von den Zorns zu verabschieden, floh Böttger am 26. Oktober 1701 aus Berlin. Ein Versteck fand er hinter dem Festungswall in einer der Vorstädte. Dort wohnte Friedrich

Röber, der gewiss nicht uneigennützige Mäzen seiner Goldexperimente. Der Gewürzkrämer behielt ihn drei Tage und Nächte bei sich, obwohl er tausend Taler für den steckbrieflich Gesuchten hätte erlösen können. Offenbar versprach er sich von dessen Goldfabrikation mehr Gewinn. Böttger durfte sich jedenfalls in Berlin nicht mehr zeigen. Sein Ziel war das sächsische Wittenberg, sein Plan, dort zu studieren. Auch hier konnte Röber behilflich sein. Er hatte Verwandte in Schöneberg, dem Dorf eine Meile südwestlich Berlins. Zu ihnen brachte er den angehenden Studiosus am 29. Oktober abends. Ein junger Mann aus der Verwandtschaft, der Röbers Taler für seine anstehende Hochzeit brauchen konnte, fand sich bereit, Böttger ins Ausland zu bringen. Er versteckte ihn zugedeckt in seinem Wagen neben Haufen von Proviant, die Pferd und Mensch reichen sollten, um nirgendwo einkehren zu müssen. Sofort gegen Mitternacht verließen sie Schöneberg, am Abend des 30. Oktober erreichten sie Sachsens Universitätsstadt an der Elbe. Sicher war der Flüchtling auch dort nicht, denn übernächsten Tages meldete sich ein Kommando brandenburgischer Soldaten mit dem Auftrag, ihn aufzulesen. Am 2. November traf auch Friedrich Röber in Wittenberg ein und plapperte aus, was den Flüchtling so wertvoll machte. Der Wittenberger Amtmann reagierte schnell. Er hielt Böttger im Gefängnis verwahrt. Die Nachricht ging ab nach Dresden und bald auch der Goldmacher selbst. Langer Geschichte kurzer Sinn: Für Brandenburg war Böttger verloren, für Sachsen ein Gewinn. Statt falschem fand er weißes Gold, ab 1710 in Meißen geformt und gebrannt. Im Jahr 1717 forderte Friedrich Röber Böttger auf, ihm die 1701 auf seinen Kopf ausgelobten tausend Taler zu erstatten, die ihm damals als Fluchthelfer entgangen waren. Ein Irrwitz. Böttger hatte das Geld nicht. Andere verdienten an seinem Genie, er nicht. Zwei Jahre später erlag er Fieberkrämpfen.

Blick zurück zu Zorn: Böttgers Lehrherr starb am 8. Juni 1716, fünf Jahre nach (!) seiner jungen Frau. Einen männlichen Erben gab es nicht. Eine Enkelin heiratete acht Wochen später Johann Christoph Schrader, der zusammen mit Böttger bei Zorn gelernt hatte. Der Fortbestand der Apotheke war gesichert. Das Privileg dazu, 1556 erteilt, wanderte nun vererbt oder verkauft von Hand zu Hand, das Geschäft von Ort zu Ort, am Ende in die Oranienburger Straße 37, wo sie 1865 der Pharmazeut Adolf Brettschneider kaufte. Friedländer und Rosenthal hießen die nächsten Besitzer. Der aus Breslau stammende „arische" Apotheker Josef Priemer profitierte 1937 von Rosenthals Enteignung und betrieb „Dr. A. Brettschneider's Apotheke" bis 1958. Des in der DDR unerlaubten Handels mit bundesdeutschen Medikamenten überführt, floh er nach Westen. Unrühmliches Ende einer ruhmvollen Apotheke.

Unter dem Schutz der Heiligen

Katholiken

Mit Luther kam die neue Zeit! In Brandenburg nicht überall. Etliche Gläubige merkten kaum, dass sie plötzlich evangelisch waren. Vor allem die auf dem Lande. Was kümmerten sie die Disputationen, Traktate und lateinisch gehaltenen Diskurse, in denen sich Altkirchliche und Reformer beharkten (wenn sie deren Thesen überhaupt verstanden)? Was wussten die „einfachen" Leute davon, dass Kurfürst Joachim II., ihr Regent, dessen Religion sie anzunehmen hatten, an Allerheiligen, dem 1. November 1539, in St. Nikolai zu Spandau erstmals eine deutsche Messe feierte mit Abendmahl unter beiderlei Gestalt? Beiderlei? Welche Gestalten eigentlich?

Wenn auch theologisch meist wenig versiert, waren die Frauen und Männer der Mark Brandenburg doch gläubig, so gläubig wie Menschen überall. Immer hatten sie Gott gedient, so inniglich es ging, auf ihre Weise, und waren gut damit gefahren. Warum also die alte Ordnung ändern? Einfühlsam fast nahm die neue *Kirchen Ordnung im Churfürstenthum der Marcken zu Brandemburg / wie man sich beide mit der Leer und Ceremonien halten sol* (1540) auf die Befindlichkeiten Rücksicht, beließ vieles beim Alten, und so ging es – waren die evangelischen Visitatoren außer Sichtweite – in den Gemeinden meist einfach weiter mit den gewohnten Zeremonien und Liturgien. Was sollte daran falsch sein? Der Beginn der Reformation in Brandenburg hatte nichts Umstürzlerisches an sich. Kein Bildersturm, kein Bauernkrieg, keine Gegenreformation. So weit das platte Land. Anders sah es in den Klöstern aus. Hier nur drei Beispiele.

Das Benediktinerinnenkloster St. Marien, dessen Spur in Spandaus märkischem Sand völlig verweht ist, galt als eines der reichsten in Brandenburg. Es gehörte zu den ersten, die – mit der neuen Kirchenordnung als Messlatte – visitiert wurden. Der kurfürstliche Kanzler Johann Weinlöben und Generalsuperintendent Jacob Stratner prüften das Kloster im April 1541 fünf Tage lang. Worauf sie stießen, waren kalte Schultern. Gut katholisch wollten die Domina und ihr Konvent bleiben. Auf das Genaueste mussten die beiden Visitatoren ihnen vorschreiben, wann und wie sie ihre Metten abzuhalten, welche Texte zu lesen und welche Psalmen und Responsorien zu singen waren – und erklären, was sie als Lebensunterhalt vom Kurfürsten erwarten durften. Von Widerstand und versteckten Handlungen der frommen Frauen ist nichts bekannt. Die letzte Nonne starb 1590. Es scheint, so der Historiker Joachim Pohl, dass sie letztlich mit dem neuen Glauben ihren Frieden gemacht hatte. Im Jahr 1626 wurde das Kloster abgerissen. Niemand weiß, wo es stand.

Die Franziskanermönche in der Altstadt Brandenburg zeigten sich renitenter. Sie wetterten gegen Luthers irrige Ideen. Ihnen zu folgen, führe zum Ketzertod. Der Rat der Altstadt Brandenburg schritt gegen die Gegner nicht ein, forderte aber Visitatoren an. Ein Jahr lang erteilten die Reformatoren den Mönchen Religionsunterricht. Gefruchtet hat er nicht. Als der Rat mit kurfürstlicher Genehmigung begann, das Kloster einreißen zu lassen, protestierten die acht dort noch wohnenden Brüder bei der Regierung. Auf kurfürstliches Verbot hin endete der Abriss. In der Folge vergrößerte sich der Konvent sogar. Zehn Novizen wurden aufgenommen. Und im Juli 1556 meldete der Rat dem Kurfürsten, jeden Morgen zwischen fünf und sechs Uhr früh träfen sie sich klandestin zur Messe, jedoch nicht mehr in der Kirche. Sie versteckten sich auch nicht mehr in der Sakristei, sondern an noch geheimerer Stelle über der Druckerei. Die Mönche besäßen noch Messgewänder und bedienten sich zweier Kelche, die sie damals vor den Visitatoren verborgen gehalten hätten. Auch einem italienischen Reisenden 1561 entging dies nicht: Die „Franziskanerbrüder lesen noch die Messe und ihre Offizien, aber heimlich in einem Kloster und in beständiger Furcht." Die grau gekleideten, anspruchslosen, aber sozial sehr engagierten Bettelbrüder wehrten sich lange gegen die neue Lehre, dank ihrer Popularität erfolgreich. Noch bis 1570 sind für sie Zuwendungen wohlhabender Menschen vermerkt. Vom Kloster ist seit 1945 nur noch die Ruine der St. Johanniskirche erhalten, diese aber ausgezeichnet saniert.

Die Franziskaner im Grauen Kloster zu Berlin leisteten weniger Widerstand. Sie intervenierten bei Joachim II. zwar schriftlich gegen die Konfiskation ihrer wertvollen Kirchengeräte, mussten aber letztlich mit ansehen, wie die kurfürstlichen Büttel die Preziosen am 18. August 1540 dann doch wegtrugen, zehn Kelche, zwei Monstranzen, zwei silberne Kreuze, alles zum Besten der landesherrlichen Silberkammer. Zur Akzeptanz der neuen Konfession trug dies nicht eben bei. Bruder Petrus, der als letzter Mönch des Konvents am 5. Januar 1571 (zwei Tage nach Joachim II.) im Kloster starb, wird bis zuletzt in seiner Zelle katholisch gebetet haben. Nach ihm zogen eine Druckerei und ein Gymnasium in die Mauern ein. Erst im Zweiten Weltkrieg wurden die Gebäude zerstört und 1959 bis 1961 abgeräumt. Allein die hohle Kirchenruine an der Grunerstraße überdauerte als Mahnmal.

Auf lange Sicht blieben in Brandenburg Messen untersagt, katholische Priester verbannt. Im Jahr 1625 ernannte Papst Urban VIII. einen in der Neumark geheim predigenden Katholiken, Johann von Leckow, zum „Missionar für Brandenburg". Schöner Titel! Immerhin schafften es zuweilen Jesuiten über die Grenze, um ihren Glaubensbrüdern und -schwestern in aller Heimlichkeit die Sakramente zu spenden – ja, sogar vereinzelt Konvertiten zu werben. Offenbar gelang ihnen dies so versteckt, dass Kurfürst Friedrich Wilhelm in seinem *Politischen Testament* vom 19. Mai 1667 prahlen konnte, dass „Gott lob die Chur Brandenburg vndt Pommeren von Pabstlichen groben greulen vndt Abgötterey gentzlich befreihet" sei. Gleichwohl mahnte er seinen Sohn: „Es muß auch fleissige acht gegeben werden, damitt Sich die

Der letzte Franziskaner von Berlin, Frater Petrus (Otto von Golitz)

Romische Cattollische nicht wider heimblich einschleichen, beforab weillen deren in der Chur Brandenburg vndt Pommeren keine verhanden sein, vndt den wenigen, so auffem Lande wohnen, das exercitium weder offendtlich oder heimlich zu verstatten ist."

Keine Exerzitien, keine geistlichen Übungen auf dem Lande also, es sei denn, versteckt. Und in Berlin? Messen zu lesen war hier ausschließlich in den Gesandtschaften Österreichs, Frankreichs und des Kaisers erlaubt, dort und nur dort. Als Kapläne fungierten meist Dominikaner aus Halberstadt, scharf beobachtet von der Obrigkeit. Gesandtschaftsfremde durften nicht beiwohnen. Erfurter Jesuiten, die 1664 in Berlin weilten, berichteten jedoch, dass auch etliche Berliner Gläubige sich heimlich die Sakramente spenden ließen, manche Evangelische auch übertraten. Nennenswert stieg die Zahl der Katholiken in Berlin erst mit dem Ausbau des Heeres. Denn welcher junge Katholik ließ sich im Ausland werben, wenn er in brandenburgisch-preußischer Uniform seiner Konfession hätte abschwören müssen? So attraktiv war der Beruf des Soldaten nicht! Der Apostolische Vikar für Ober- und Niedersachsen Agostino Steffani, der auch für Brandenburg zuständig war, schätzte 1711 die Zahl der Berliner Katholiken auf 600, also knapp ein Prozent der Bevölkerung, zumeist Soldaten. Es war an der Zeit, Toleranz zu zeigen. König Friedrich Wilhelm I. besoldete einen Militärseelsorger, Pater Dominikus Torck, und stellte ihm 1719 in der Friedrichstadt im Hinterhof der Straße 18 (später: Krausenstraße 43) ein altes Magazingebäude zur Verfügung, in dem er 1721 eine Kapelle einweihte, freilich immer noch halb versteckt und von der Straße nicht einsehbar. „Dieses alte Magazingebäude gleicht mehr einem Heuboden als einem Tempel", spottete der Breslauer Fürstbischof Philipp Ludwig Kardinal von Sinzendorf.

Kein Heuboden mehr, aber selbst die Kirche der schlesischen Schutzheiligen Hedwig, die ein Vierteljahrhundert später König Friedrich II. den Katholiken am Forum Fridericianum, dem heutigen Bebelplatz, konzedierte, kommt bei aller Schönheit noch recht geduckt daher – seit 1930 im Range einer Kathedrale.

Im Accouchirhaus

„Liederliche" Frauen

Dorothea Steffin zählte sechzehn Jahre, als ihr gutes Leben endete, im Jahr 1728. Sie war die Tochter eines Müllers, und sie galt als „liederlich". Sollte heißen: Sie hatte unehelich mit einem Mann geschlafen, strafverschärfend mit einem Mann, der kein Mensch war. Dorothea lebte in Berlin. Kennengelernt hatte sie ihren Liebhaber auf dem Wedding nördlich der Stadt, wo viele Pärchen sich trafen, wo aber auch der Teufel ein und aus ging. Das war seit dem Mittelalter bekannt. Und als Dorotheas Vater den Fall seiner Tochter anzeigte, lag der Verdacht nahe, dass Beelzebub ihr Verführer gewesen war. Ja, bestätigte das Mädchen im Kalandshof, dem Stadtgefängnis an der Klosterstraße, so sei es gewesen. Auf der Langen Brücke in Berlin habe sie den Geliebten wiedergetroffen, und da habe er sich als Teufel zu erkennen gegeben. Einen Pakt hätte sie unterschrieben mit ihrem Blut als Tinte. Frei gestand sie dies angeblich, ohne Pein und Folter, aber einen Suizidversuch hinter sich.

Jahrzehnte früher hätte ihr Geständnis das Verfahren verkürzt. Der Pfarrer hätte Dorothea seine Aufwartung gemacht und nach ihm der Henker. In Brandenburg-Preußen wie andernorts behielt sich der König vor, Todesurteile zu bestätigen. Was aber sollte Friedrich Wilhelm I. tun mit einer jungen Frau, die scheinbar ohne Zwang von sich selbst sagte, sie habe mit dem Teufel angebändelt, sei also eine Hexe – selbst dann noch, als man ihr mit Predigt und Gebet zu Leibe rückte?

Der König legte den sonderbaren Fall seinem Staats- und Kriegsminister Samuel von Cocceji vor. Dieser urteilte am 10. Dezember 1728 aufsehenerregend: „Obwohl es das Ansehen habe, daß die Inquisitin wegen des Bündnisses mit dem Teufel mit dem Feuer oder doch mit dem Schwerte zu strafen sei, zumal sie einen höchst unsittlichen Lebenswandel geführt haben soll, so könne doch das Bündnis mit dem Teufel auch Effekt der Schwermütigkeit sein.“ Oho, hier leuchtete Verständnis durch, Empathie für die Seelenlage des Mädchens. Keine Todesstrafe mehr, wie letztmals in Brandenburg am 17. Februar 1701 an der 15-jährigen Hexe Dorothee Elisabeth Tretschlaff zu Fergitz vollzogen, empfahl der aufgeklärte Jurist, sondern lebenslang ins Spandauer Spinnhaus. Es war sozusagen Brandenburgs letzter Hexenprozess. Welche Strafe die grausamere war: das langwierige Dahinwelken an Spule, Flachs und Spindel oder der vergleichsweise kurze, letzte Moment einer jungen Frau unter dem Schwert – diese Frage sei erlaubt.

Bleibt auch zu fragen, was passiert wäre, hätte dieser Teufel von einem Mann sie auf dem Wedding in andere Umstände gebracht. Ein Dilemma, das ledige Frauen sehr oft ereilte. Nicht nur die 25-jährige Frankfurter Magd Susanna Margaretha Brandt, literarisch verewigt als Fausts Gretchen, das ja auch erwiesenermaßen dem Teufel in die Fänge geraten war, sondern auch Tausende verzweifelter Mädchen und Frauen. Wem kann ich mich anvertrauen, wer hilft mir, wenn die Regel ausbleibt und mir das Sakrament der Ehe fehlt? Susanna entband eigenhändig, versteckte den toten Knaben, flüchtete aus der Reichsstadt und wurde bei ihrer Rückkehr arretiert. Unter der Folter gestand sie, ihr Kind getötet zu haben, am 14. Januar 1772 starb sie unter dem Schwert. Ihr Liebhaber wurde nicht belangt, ein Gesell auf der Walz.

Auch höheren Ortes machte man sich Sorgen. Dem absolutistischen Staat, der seinen Wert nicht nach ökonomischen Indizes taxierte, sondern nach Fläche und Zahl der Untertanen, gingen mit jedem Kindesmord mindestens zwei Menschen verloren, das getötete Kind und die hingerichtete Mutter, nicht mitkalkuliert all die Kinder, die sie noch hätte gebären können. So stellte im Juli 1780 in den *Rheinischen Beiträgen zur Gelehrsamkeit* der Mannheimer Jurist Ferdinand Freiherr zu Lamezan anonym die mit 100 Dukaten dotierte Preisfrage: „Welches sind die besten ausführbaren Mittel,

Auspeitschung lediger Mütter nach der Entbindung, Radierung von Daniel Chodowiecki, 1782

dem Kindermorde Einhalt zu thun?" Hunderte Vorschläge gingen ein. Einer wurde bereits praktiziert, in Berlin: das geheime Accouchement. Dieses Haus, in dem ledige Frauen anonym entbinden konnten, war „von weit höherem Werth als ein Tanzsaal", wie das *Churbaierische Intelligenzblatt* 1771 moralisierte, „weil jenes die Unglücklichen aufnimmt, die dieser verführet hat".

Dieser nach außen hin geheime Kreißsaal war in der mittleren Etage des dreigeschossigen quadratischen Hauptgebäudes der Charité untergebracht, etwa 43 Quadratmeter groß, im Nachbarraum, durch eine Tür verbunden, die Hebammenkammer. Johann Theodor Eller, 1728 bis 1735 Chef der Charité, beschrieb das Zimmer 1730 so: „Ferner hat man auch einen eigenen Saal, worinnen die liederlichen Weibestücke oder Huren, kurtz vor ihrer Entbindung aufgenommen werden, hieselbsten zu stande gebracht; Damit die unschuldigen Kinder dasjenige nicht empfinden möchten, wozu öfters die Desperation, wegen euserster Dürfftigkeit, die liederlichen und gewissenlosen Mütter verleitet (Kindsmord!). Die Heb-Amme hat hier zunechst ihre Stube, damit sie allezeit gegenwärtig, für die Umstände dieser Leute die behörige Sorge tragen könne." Der Zulauf aus Berlin, Potsdam und der Mark betrug jährlich etwa hundert Personen. Im Jahr 1771 beantragte die Berliner Armendirektion, Trägerin der Entbindunganstalt, beim König deren Vergrößerung, da die „Inficirten und Accouchirenden, so wegen zu befürchtender Ansteckung und zu erhebenden Kinder Mord nicht abgewiesen werden können".

Offenbar genoss das Berliner geheime Geburtshaus Vertrauen. Und so war es auch gedacht. Eine ledige Schwangere, die sich, um die Schande zu verbergen, zur Niederkunft ohnehin an einen entfernten Ort begab, konnte sich in der Charité gewissermaßen verstecken, bevor ihr die gehässige Nachrede daheim das Leben noch schwerer machte. Vor Bestrafung war sie hier sicher, auch eine venerisch erkrankte Prostituierte, wenn sie sich einer Quecksilberkur unterzog. Acht Tage vor der vermuteten Entbindung fand sie hier Unterkunft. Eine Hebamme beaufsichtigte sie. Die Charité bot eine zeitgemäß gute Betreuung, ein sauberes Bett, das alle vier Wochen frisch bezogen wurde, einen geheizten Raum und ausreichend Kost und Geburtshilfe. Die Müttersterblichkeit lag bei nur sechs Prozent (in Deutschland heute: 0,07 Promille). Über die Wöchnerinnen-Stube berichtete 1733

Die Charité, kolorierter Kupferstich von Matthäus Seutter, um 1740. Die lateinische Beschriftung lautet in Übersetzung: Größeres königliches Militärkrankenhaus, das den Namen der Nächstenliebe trägt

Johann Georg Rethmann aus Aderstedt bei Bernburg, der wiederholt geschäftlich in Berlin zu tun hatte und die Charité besichtigte: „Wir kamen auch in zwey Kindbetterinnen-Sechs-Wochen-Stuben. Diese waren lauter Huren, hatten ihre Kinder bei sich im Bette; etliche Kinder waren erst ein Tag, 2 Tage, 3 oder 4 Tage und immer so weiter alt. Etliche hatten ihre 6 Wochen schon gehalten, welchen angedeutet wurde, daß sie sich retirieren oder ihre logis bezahlen sollten. Sie wollten aber nicht davon; die eine schützte dieses für, die andere jenes. Auch unter diesen waren charmante Seelen, und die Visitatores versicherten mir, daß wenn sie wieder aus der Charité und aus dem Arbeits-Hause kämen, so fingen sie ihre Hurerey wieder an." Lehnte eine Mutter ihr Kind ab, nahm es eventuell das Große Friedrichs-Hospital an der Stralauer Straße auf oder eine wohltätige Familie. Ein Findelhaus eigens für bedrohte Neugeborene, wie seit 1761 in Kassel, gab es in Berlin nicht. Wer aber kümmerte sich um den weiteren Wandel der Mutter – mit oder ohne Kind auf dem Buckel, zurück zu Hause oder in der fremden Ferne? Auch diese Frage sei erlaubt.

Was die werdenden Mütter in ihrem Versteck in der Charité ertragen mussten, und das war unangenehm genug, waren fremde Männeraugen an ihren Betten – die der Mediziner. Denn König Friedrich II. wollte es so. Die Hebammenausbildung wollte er übertragen wissen aus den Händen der erfahrenen, alten Frauen in die der Wissenschaft. Im Jahr 1751 eröffnete in der Charité die erste deutsche Hebammenschule. Aber auch Ärzte begaben sich zunehmend auf das Feld der Geburtshilfe. Das heimliche Leid der „Liederlichen": Es trug Früchte für Generationen von Frauen nach ihnen.

Auf dem Dach des Spukpavillons

Preußische Soldaten

Hier ließ sich gut verweilen: auf dem Hochplateau über der Havel, Pichelsberg genannt. „Niemand war dort", schwärmte die 20-jährige Sophie von Schwerin 1806 über einen zweisamen Sommertag mit ihrem zwölf Jahre älteren Gatten und Onkel, dem Major Wilhelm Werner Otto Graf von Schwerin. „Häuslich und allein frühstückten wir auf der hohen Estrade und blickten in die freie freundliche Gegend. Es kam uns vor, als wären wir allein auf der Welt. Und wie gern wären wir es geblieben. Allein, auf einer glücklichen Insel, wohin die Stürme des Lebens nicht drängen, die verkehrten störenden Einzwängungen, wo wir uns ausschließen könnten vor allem Treiben der Menschen!" Sie ahnte: Bald würden die Stürme des Lebens ihr den geliebten Mann entreißen. Bald musste er antreten gegen Napoleon. Von Waterloo kehrte Wilhelm nicht wieder.

Nicht nur ihnen, vielen war der Pichelsberg ein besonderer Ort. Slawen haben dort gesiedelt, Spandauer Juden, so wird vermutet, Gottesdienst gehalten, Ausflügler aus Spandau, Charlottenburg und Berlin Sonnenuntergänge genossen. Es gab ein Gasthaus. Auch Friedrich Wilhelm III., seine Frau Luise und ihre Kinder kehrten ein. Flugs benannte der gewitzte Wirt Theodor Borstein den Pichels- in „Prinzenberg" um. Das Geschäft lief gut. Friedrich August Wilhelm Bratring, Verfasser der *Statistisch-topographischen Beschreibung der gesammten Mark Brandenburg*, aber warnte 1805: „Wer nicht sehr früh kommt, hat lange um sein Mittagbrot zu capituliren, ehe die Bestellung angenommen wird, denn gewöhnlich geschieht das, zumal wenn die Rede von ganzen Familien ist, am Tage zuvor." Reservierungen nahm Borstein freudig entgegen, so viel er konnte, egal, wie es um den Vorrat an Essen stand. „Oft aber ist auch dies, so wie der Wein, nicht mehr aufzutreiben."

Das Belvedere auf dem Pichelsberg, um 1820, kolorierte Radierung von Friedrich August Schmidt nach einer Zeichnung von Johann Hubert Anton Forst

Die Schar, die am 2. Mai 1819 den Berg hinaufzog, an die hundert Mann hoch, brachte sich ihren Rheinwein und Gläser selbst mit. Studenten waren es und mancher Professor aus Berlin, um dort oben den Frühling zu begrüßen. Zu turnen im Geiste Jahns, zu beschwören die Freiheit, die unerfüllte, zu gedenken der gegen Napoleon gefallenen Kommilitonen, zu feiern Karl Ludwig Sand, den noch nicht exekutierten „Tyrannenmörder" Augusts von Kotzebue, dieses Literaten und Antidemokraten. Am Ende des Fests waren alle 175 Flaschen leer, fast alle Gläser kaputt, und die Lautesten unter den Dozenten und Studenten auf dem Weg ins Unterrichtsministerium zwecks Klärung eines Sachverhalts.

Nicht nur im Freien hatten die Aufmüpfigen gefeiert, entnahm die Polizei dem abgefangenen Bericht eines Studenten, sondern auch in einem Saal. Damit rückt ein Gebäude ins Blickfeld, hart am Hang des Pichelsbergs, ein Belvedere, das der Anfang April 1806 verstorbene Geheime Oberfinanz-, Kriegs- und Domänenrat Alexander Graf von Kameke 1798 erbauen ließ. Die Veranda des Hauses, Sophie von Schwerins „Estrade", stand jedwedem offen. Einer Beschreibung des Berliner Stadtrats und Initiators des Märkischen Provinzial-Museums Ernst Friedel von 1907 zufolge war das Belvedere ein 11 x 13 Meter großer „viereckiger Gartenpavillon, dessen drei Türen auf eine verdeckte Veranda, die auf 14 runden Säulen ruht, hinausführen, über dem nach den vier Seiten abgeschrägten Dach der Veranda erhebt sich ein viereckiger Turmbau mit einer eisernen Galerie, von der man einen weiten Ausblick auf den Grunewald, den Stößensee und die Insel Pichelswerder hat. Interessant ist der Aufstieg zu diesem Türmchen, der sich auf der Westseite des Pavillons in der Decke der Veranda befindet. Mit einem Haken werden einige der Bretter der Decke herabgezogen, und nun zeigt sich die darauf befestigte, an Drahtseilen hängende Stiege, die dann gestützt und mit einer Leiter verbunden wird. Auf dieser etwas sonderbaren Treppe erklimmt man zuerst den Bodenraum und gelangt von diesem zu dem Türmchen mit der Galerie."

Wer den Trick mit der Treppe nicht kannte, dem blieb der Zugang zu Dach und Turm verborgen. Heinrich August Grove kannte ihn selbstverständlich. Er war – seit 1805 – nicht nur Eigentümer des Pavillons, sondern, auf dem Pichelsberg wohnend, auch königlicher Pirschjäger.

An einem Tag des Jahres 1806 oder 1807 wurde Grove Zeuge eines Vorfalls vor seinem Hause. Unten an der Havel waren Gruppen französischer und preußischer Soldaten aufeinandergestoßen. Letztere flüchteten den Pichelsberg hinauf, die Franzosen ihnen auf den Fersen. Der Förster öffnete seinen Landsleuten die versteckte Treppe des Pavillons, und ehe die Verfolger heran waren, hatten sie den rettenden Dachboden erstiegen, die Geheimtreppe heraufgezogen und wieder arretiert. Still verhielten sie sich in ihrem Versteck und erwarteten bang, was kommen mochte. Es kamen die Franzosen. Sie durchsuchten den Bau so intensiv wie vergeblich und rückten dann kopfschüttelnd ab. Das Verschwinden der Feinde war ihnen unerklärlich. Damit hatte der klassizistische Pavillon seinen Namen weg: Spukhaus.

Tatsächlich fanden spätere Ausflügler in den Putz des Pavillons gekratzt französische Namen, klar zu entziffern „Soye 1807“. Aber auch Deutsche hatten sich mitgeteilt. Man las: „Schinderhannes Napoleon. Huth 16. August“ – und in anderer Schrift, direkt darunter: „Mütze“.

Grove, dem die gejagten Preußen ihr Versteck verdankten, half im März 1813 ortskundig bei der Rückeroberung der französisch besetzten Spandauer Zitadelle. Verwundete versorgte er in seinem Hause auf dem Pichelsberg. Er organisierte auch ihre Verlegung in Lazarette nach Charlottenburg. In die frei gewordenen Räume quartierte er auf das Versprechen, Kost und Logis vergütet zu bekommen, russische Offiziere ein. „Als zum Aufbruch geblasen wurde, eilte einer nach dem andern fort, und stets wurde ich auf Befragen wegen meiner Zahlung immer auf die noch Zurückgebliebenen angewiesen. Als ich nun aber den letzten um meine Bezahlung ernstlich anging, erwiderte er nur: ‚Kaiser Alexander bezahlt alles!‘“ Im Jahr 1817 avancierte Grove zum Königlichen Förster, ferner hatte er die spezielle Inspektion über die Spandauer Schwanenzucht-Anstalt. Unterhalb seines Forsthauses und des Pavillons eröffnete 1873 ein Wirtshaus, das später unter dem Namen „Reichsgarten“ bekannt wurde. Ihm gegenüber stellte sich bald Konkurrenz ein: „Kaisergarten“ und „Seeschloss“ direkt am Ufer des Stößensees. Alle wurden im November 1943 zerstört, als Flieger die Heerstraßenbrücken ins Visier nahmen (die Brücken blieben noch anderthalb Jahre stehen – bis die Wehrmacht sie sprengte).

Der Spukpavillon verfiel ohne Bombeneinwirkung. Trotz sporadischer Reparaturen fehlten am Ende 30 000 DM, um ihn von Grund auf zu sanieren. Im Sommer 1964 wurde er beseitigt. Wer heute gegenüber den Havelstudios (Havelchaussee 161) durchs Gestrüpp den Aufstieg wagt, wird oben an der Hangkante des Pichelsbergs zwischen wuchtigen, jahrhundertealten Traubeneichen verstreut alte behauene und gebrannte Mauersteine finden, auch Dachziegelscherben. Versteckten sich einst die Soldaten darunter?

Mauerreste des Pavillons auf dem Pichelsberg, 2022

Wo etwas zu holen oder hehlen ist

Friederike Louise Christiane Delitz

Der 28. Mai 1813 war ein Freitag, ein Feiertag, schien es, in Berlin. Schon bei Tagesanbruch belebten sich die Straßen zwischen Molkenmarkt und Oranienburger Tor, wuchs die Spannung. Eine halbe Stunde nordwestlich der Stadt, auf dem Henkersacker am Rande der Jungfernheide, war ein Scheiterhaufen aufgerichtet, von Soldaten bewacht vor nachts zündelnden Witzbolden. Den zweien, die angekettet, er stehend, sie sitzend, auf einem Leiterwagen morgens um sechs Uhr von berittener Polizei, Gens d'armes, Schützengilde und Nationalgarde aus der Stadtvogtei am Molkenmarkt eskortiert wurden, war nicht nach Feiern und Lachen. Zweieinhalb Jahre hatten Johann Christoph Peter Horst und Friederike Louise Christiane Delitz in dem Gefängnis des Königlichen Polizeipräsidiums gesessen. Zweieinhalb Jahre hatten Justizrat Georg Ludwig Schmidt und seine Mitarbeiter sie verhört, Komplizen gegenübergestellt, Tatorte besichtigt, Protokolle angefertigt (heute noch einsehbar im Geheimen Staatsarchiv Preußischer Kulturbesitz) und das Urteil vorbereitet: Wegen „verübter Brandstiftungen und begangener Diebstähle" seien sie „zur Richtstätte zu schleifen, und allda mit dem Feuer vom Leben zum Tode zu bringen". Drei Mitverurteilte begnadigte Friedrich Wilhelm III. zu lebenslangem Zuchthaus, für Horst und Delitz aber begann an jenem Morgen im Mai das Ende ihres kurzen Lebens. Er war dreißig, sie 21 Lenze alt.

Der jungen Frau war es ein Leben im Versteck gewesen, von Anfang an. Peter war wenigstens ehelicher Geburt, in Jerichow, und hatte als Knecht und Pferdejunge ehrlich gearbeitet, ehe der Hungernde sich gezwungen sah, auf Diebestour zu gehen. Aber Louise? Ungewolltes Kind des Wandermaurers Christoph Gottlieb Delitz und der Schusterstochter Sophia Wilhelmine Meyer, nach der Taufe in der

Hinrichtung von Johann Peter Horst und Friederike Louise Delitz am 28. Mai 1813, zeitgenössische kolorierte Radierung

Berliner Sophienkirche abgeschoben zur Tante, zurückgegeben und weitergereicht von einer Verwandten zur nächsten, alle Diebinnen aus Not, zuletzt zur Mutter der Mutter, Frau eines Försters in Sommerfeld bei Crossen. Sie hatte es zu Respekt und einigem Wohlstand gebracht, aber auch sie ging stehlen – und brachte es Louise bei: das Verstellen, das Verstecken vor Marktbeginn, das Flüchten nach dem Klauen und das Verbergen der Beute. Das Kind lernte schnell, Benimm und Lesen auch, aber schreiben, meinte die alte Dame, müsse ein Mädchen nicht können.

Als die Großmutter die Enkelin, in andere Umstände geraten, im Advent 1807 hinauswarf, wurde der 16-Jährigen das Leben zur Schule. Auf sich selbst gestellt, trieb sie unbemerkt ab. Mit Schwarzer Nieswurz, Tee aus den Zweigen des Sadebaums oder von Rosmarin, Raute, Beifuß oder Muskat – wer weiß? Einmal wurde sie geheim von einer „Engelmacherin" traktiert. Louise überlebte alles, die Brechmittel und die Kurpfuscherin, und hatte Glück, selten schwanger zu werden. Der Gefahr, Mutter zu werden, begegnete die Lebenshungrige in jeder Räuberclique, in der sie Unterschlupf suchte. Ihre letzte Bande, in der sie sich in Johann Peter Horst verliebte, ging auf spezielle Weise vor: Feuer legen und in der ausbrechenden Konfusion aus dem brennenden Gebäude Werte entwenden. Brandstiftung wurde streng bestraft. Entsprechend vorsichtig ging die Gruppe vor.

Im Herbst 1810 arbeiteten sich die neun Frauen und Männer auf der Landstraße aus Richtung Magdeburg an Berlin heran und hinterließen eine Spur von Asche. Am 27. September langten sie in Steglitz an. Im dortigen Krug (auf dem Grundstück des heutigen Steglitzer Kreisels) unterhielt der Gastwirt Laval eine Relaisstation, wo Postkutscher Pferde wechseln und Reisende sich erfrischen und schlafen konnten. An jenem Abend war der Dorfkrug voller Übernachtungsgäste, Frachtfuhrleute vor allem. Ein lohnendes Brandobjekt also. Im Stall standen eng nebeneinander die ausgespannten Tiere. Geheim stellte jemand den Brandsatz her: Einen Leinenlappen in Pech tränken, einen Schwamm sachte mit der Glut einer Tabakspfeife zum Schwelen bringen und zusammen mit einem Stein in den pechgetränkten Lappen wickeln. Als Lavals Magd nach den Schweinen guckte, traf sie im Koben auf einen fremden Mann mit blauem Rock und rotem Ranzen. Sie sagte nichts, wurde aber misstrauisch. Wenig später trat dieser Mann in die Gaststube. Die Magd gab letzte Getränke aus, dann leerte sich der Raum, die Gäste gingen zu Bett oder nach Hause. Irgendwo glimmte der Schwamm. Gegen halb elf bemerkte die Magd Flammen im Dach des Schweinestalls. Sie klopfte die Dienstherrschaft aus dem Bett. Fuhrleute waren bereits dabei, ihre Pferde ins Freie zu treiben. Die Lavals begannen zu löschen und aus ihrem Haus zu retten, was sich in der

Panik retten ließ. Beim Tragen des Geldkastens erhielt der Wirt unerwartet Hilfe von einem Fremden mit blauem Rock und rotem Ranzen. Die Magd sah's und schob den Kerl zur Seite. Nein, *der* nicht! Aber der „Helfer" hielt sich anders schadlos. Münzen fielen ihm in die Hände, eine Uhr, eine Dose und ein Pfeifenkopf. Hinter sich ließ der Dieb, niemand anderes als Horst, einen vernichteten Krug und vier verbrannte Pferde. Ihm und seiner Bande wurde die Beute zum Verhängnis.

Zwei Tage später brannte es erneut, in Schöneberg der Hof von Daniel Willmann (heute: Hauptstraße 45). Wieder „half" ein Fremder bei den Rettungsarbeiten. Wieder fehlte ein Pfeifenkopf. Heinrich von Kleist berichtete von dem Räuber in seiner Zeitung, dem *Berliner Abendblatt*: „Nachdem er sich bei dem Brande in Schönberg die Taschen mit gestohlnem Gute gefüllt hatte, ging er sorglos, eine Pfeife in der Hand haltend, durch das Potsdamsche Thor in die Stadt hinein. Zufällig war ein Soldat auf der Wache, welcher bei dem Krüger La Val in Steglitz gearbeitet hatte, und die Pfeife als ein Eigenthum des La Val erkannte." Der Sorglose war wieder Johann Peter Horst. Als Erster seiner Bande erhielt er in der Stadtvogtei Ketten.

Die anderen waren noch gut versteckt, im „Rollkrug" zwischen Berlin und Ricksdorf (heute: Neukölln). Der seit 1543 nachgewiesene Gasthof, um 1737 neu erbaut, galt in der Gaunersprache als kesse Penne, also als Krug eines befreundeten Wirts, der Banden versteckte und ihre Beute kaufte oder in Zahlung nahm. Da trafen sich die Räuber, rasteten, huldigten ihren Hauptleuten, schmausten und schmusten, schwoften und soffen. Waren die erschlichenen Reichtümer verprasst, mussten neue gestohlen werden, und näherte sich jemand teuer gekleidet, konnte dies im Handumdrehen geschehen. Näherten sich aber Gens d'armes oder Dragoner, dann – vom Wirt oder seinem Gesinde gewarnt – ab durch die Fenster! Seit 1907 steht am Ort des „Rollkrugs" an der Hermann-, Ecke Karl-Marx-Straße ein stattliches Geschäftshaus.

Blick von den Rollbergen, Gouache von Wilhelm Barth, 1834. In der Bildmitte das Wirtshaus „Rollkrug"

Horsts Festnahme löste bei den versteckten Kumpanen im „Rollkrug" Angst, über Preußen hinaus aber Fahndungen aus. An die hundert Gauner gingen ins Netz, am 20. Oktober in Schwiebus auch Louise Delitz. Justizrat Schmidt in der Stadtvogtei fand die untypische Delinquentin nicht unsympathisch. Von zarter Statur und schönem Aussehen beschrieb er sie, heiteren Wesens und guten Benehmens, beredt, gebildet und mit scharfem Gedächtnis. Sie sang ihm vor, rezitierte Gedichte und tanzte in Räubermanier. Doch wies er ihr bedauernd (so lesen sich seine Akteneinträge) nach, am 24. August 1810 in Schönerlinde eigenhändig Feuer gelegt zu haben. Drei Menschen waren gestorben, am schmerzvollsten nach Wochen der Qual ein fünfjähriges Mädchen.

Todesstrafe für die Täterin! Es war die letzte Exekution durch Verbrennen in Preußen. Der Tag der Hinrichtung sei ihr Hochzeitstag, lächelte Louise beim Abschied, sie werde ja mit dem Himmel vermählt.

Ach ja, auch das schrieb Schmidt über sie: „Grundlagen in ihrem Charakter" habe er erkannt, „die unter glücklicheren Verhältnissen sie gewiß zu einem achtungswerthen Mitgliede der menschlichen Gesellschaft gebildet haben würden". Deine Herkunft determiniert deine Zukunft – gestern so wie heute.

Bei einem Herzensfreund

Ernst Moritz Arndt

Schrecklich! So hörte der Berliner Literat Karl August Varnhagen von Ense den königlichen Kammerherrn Graf Ernst von Bernstorff sagen. Ganz schrecklich sei es, „daß alle Paläste in geringe Hände kämen, das Sacken'sche Palais sei von Buchhändlern (Reimer), Aerzten u.s.w. bewohnt, das möchten gute Leute sein, aber da gehörten sie doch nicht hin". Protokolliert am 14. Dezember 1819. Wie recht der Graf hatte! Und wie unrecht! In der Tat, besagtes Palais war ein ansehnliches Gebäude. Der Landjägermeister Graf Bogislav von Schwerin hatte es 1735 bis 1737 erbauen lassen, der königliche Oberkammerherr Carl Fürst von der Osten genannt Sacken kaufte es 1777, und ein Erbe, Gläubiger im Nacken, verscherbelte es 1816. Der Kaufpreis: 43 000 Taler. Der Käufer: Georg Andreas Reimer, einer der großen deutschen Verleger seiner Zeit, also kein Adliger, der nach Bernstorffs Dafürhalten eigentlich in solch einen Palast gehört hätte. Aber Reimer, seine Mieter und Gäste „gute Leute" zu nennen: gefährlich, gefährlich! Denn die Polizei war da ganz anderer Ansicht. Reimer stand unter Verdacht und andere „gute Leute" in seinem Hause auch.

Der 1776 in Greifswald gebürtige Kaufmannssohn hatte eine Buchhändlerlehre absolviert und 1800 in Berlin die Buchhandlung der Königlichen Realschule in der Kochstraße 66 (heute: 16) übernommen. Im selben Jahr heiratete er Wilhelmine Reinhardt, mit der er sechzehn Kinder hatte – von denen ihn elf überlebten! Nicht weniger tatkräftig als er, führte Wilhelmine – Trägerin des Luisenordens – das Haus und, wenn er fort war, auch den Verlag und betreute in dem von ihr gegründeten Verein bedürftige Wöchnerinnen. Das Ehepaar Reimer zog in die Kochstraße 14, Georgs schulischem Arbeitsort direkt gegenüber. Kaufmännisch und kommunikativ sehr gewandt, griff er über den Kanon von

Georg Andreas Reimer, um 1828

Schulbüchern hinaus. Er fand leicht Kunden und Autoren für schöne und, wenn es die Zensur zuließ, auch politische Literatur. Wichtige Romantiker veröffentlichten bei ihm, aber auch Wissenschaftler und Theologen, wie Friedrich Daniel Ernst Schleiermacher, sein engster Freund und Hausgenosse.

Reimer war auch ein Mann der Tat, wenn nötig, geheim. Um eines geeigneten Tages gegen die französischen Okkupanten loszuschlagen, versteckte er nicht nur seine Waffen vor der Besatzungsmacht, sondern sammelte sogar welche. Den besorgten Freunden entgegnete er nach den Worten Friedrich de La Motte Fouqués: „Laßt sie suchen bei mir; ich kann ihnen nicht wehren. Und wenn sie was finden, laßt sie mich erschießen, wenn sie wollen und können. Ich über-

Ernst Moritz Arndt, undatierter Kupferstich von Johann Heinrich Lips

liefere mich nicht freiwillig, wehrlos in ihre Gewalt." Sein Arsenal blieb wohlversteckt.

An den geheimen Schießübungen von Reimer und Genossen in Charlottenburg nahm auch Ernst Moritz Arndt teil. Seine Hoffnung war, „die Schützen würden diese Fertigkeit einmal gegen den Reichsfeind gebrauchen können". Der patriotische Publizist, in Greifswald als Professor entlassen, war auf der Flucht vor dem französischen Feind unter falschem Namen als „Sprachmeister Allmann" zu Weihnachten 1809 in Berlin untergetaucht, bei einem Vorpommern wie er. „Ich hatte dort einen treuesten, redlichsten Herzensfreund aus Jugendjahren, den Buchhändler Georg Reimer." Der nahm ihn in seinem Hause auf und machte ihn mit anderen Widerstandskämpfern wie

Das 1735 bis 1737 auf Veranlassung von König Friedrich Wilhelm I. errichtete Palais in der Wilhelmstraße 73 war von 1816 bis 1858 Sitz des Verlages von Georg Andreas Reimer, undatierte Lithografie von Heinrich Hensel

Turnvater Jahn und den Offizieren Boyen und Gneisenau bekannt. Kapazitäten Berlins traf Arndt in der „Graeca", einem philologischen Kreis von Hellenenfreunden, und in der „Gesetzlosen Gesellschaft". Dort lernte er den Philologen Philipp Buttmann kennen, der als „Zwingherr" die Gesetzlosen mit Geist und Witz lenkte. Er machte die Bekanntschaft Schleiermachers und, viel wichtiger, von dessen Schwester Anna Maria, die er 1817 heiratete. Aller Gefahr ungeachtet urteilte Arndt später: „Es war doch das eine schöne Zeit." Zu Ostern 1810 konnte er sein Versteck verlassen, seine falsche Identität ablegen und in Greifswald seine Professur wieder antreten.

Reimer, wohlgeübt im Schießen, trat 1813 in die Landwehr ein und zog als Hauptmann einer Kompanie in den

Freiheitskrieg gegen Napoleon. Im Juni 1814 kehrte er zurück (vorzeitig, weil Familie und Geschäft es verlangten) und griff, so drückte Arndt es aus, „mit Muth und Thätigkeit in die fliegenden Räder des Glückes ein". Die Familie, mit Kindern und Geld gesegnet, forderte mehr Platz und konnte sich ihn leisten. Reimer kaufte, wie eingangs von Graf Bernstorff kritisiert, das Sacken'sche Palais in der Wilhelmstraße 73 (heute: 78), das wiederum so groß war, dass er Räume vermieten und Gäste beherbergen konnte. Später einmal wohnte darin der Reichspräsident, bis das Palais zerbombt und 1960 abgerissen wurde (ein zuvor ausgebautes Balkongitter hängt heute in der Köpenicker Bahnhofstraße 4).

Mit der politischen Entwicklung in Preußen und im Deutschen Bund war der alte Landwehrhauptmann nicht zufrieden. Statt mehr Demokratie zu wagen, verharrte Preußens Regierung im Stand des Absolutismus. Wer für mehr Liberalität eintrat, für eine konstitutionelle Monarchie etwa, war dem Staat eine Gefahr, Reimer ein Gefährte. Der Verleger zeigte dies, indem er die Schriften kritischer Geister veröffentlichte, auch wenn dies weder opportun noch einträglich war. In seinem bürgerlichen Adelspalais wohnten und trafen sich Leute des politischen Fortschritts, zumal Akademiker.

Zwei junge Männer, die sich im Hause Reimer geborgen fühlten, hatten am studentischen Wartburgfest im Oktober 1817 teilgenommen und gerieten nach dem Attentat des Burschenschafters Karl Ludwig Sand an dem reaktionären Dramatiker August von Kotzebue im März 1819 ins Fadenkreuz der Polizei. Karl Gustav Jung hieß der eine, stammte aus Mannheim, und arbeitete als Assistent in der chirurgischen Universitätsklinik. Georg Ludwig Roediger war der andere. Er kam aus Neunkirchen am Potzberg nach Berlin, um sich in Philosophie zu habilitieren. Beiden bot Reimer freie Kost und Logis. Roediger gab seinen Kindern Unterricht.

Am 7. Juli 1819 schlug die Staatsmacht zu. Reimer war auf Reisen in der Schweiz, seine Frau Wilhelmine schrieb ihm sofort: „Am Mittwoch d. 7. stehe ich ungewöhnlich früh auf, weil mich Hitze und Fliegen nicht schlafen ließen, es war 4 Uhr, indem klingelt es und es wird nach Jung gefragt, die Reiniken [das Kindermädchen der Reimers] zeigt den Weg über den Hof und die Straße, als ich aber in die Küche komme, kommt das Mädchen mir ganz erschrocken entgegen und erzählt, daß etwa 10 Mann, 2 Gensdarmen, 2 in Polizei-Uniform, 6 in Civilkleidern durch den Garten hereingedrungen sind." Im Verlauf der Aktionen an diesem und den folgenden Tagen wurden Jung und Roediger inhaftiert und ihre Briefe konfisziert und gelesen. Auch Schleiermacher und Reimer mussten ihre Korrespondenzen herausgeben. Mit Hilfe eines weiteren seiner Mieter, des späteren Kultusministers Friedrich Eichhorn, und seines Anwalts Ludwig Krause erwirkte Reimer Jungs und Roedigers Freilassung. Er selbst musste sich mehrmals verhören lassen. Der zuständige Ermittler, Kammergerichtsrat E. T. A. Hoffmann, weigerte sich schließlich, ihn weiter zu vernehmen und kam 1821 „wegen des Reimer angetanen Unrechts" um seine Dienstentlassung als Jurist nach. Reimer war sein Verleger.

Am Ende trug keine der inkriminierten Personen einen Nachteil davon. Jung emigrierte 1822 nach Basel und machte an der Universitätsklinik Karriere. Sein Enkel wurde unter den Vornamensinitialen „C. G." als Psychiater berühmt. Roediger brachte es am Städtischen Gymnasium zu Frankfurt am Main bis zum Prorektor. Schleiermachers Wirkung als Prediger und Theologe ist kaum zu überschätzen. Reimer starb 1842, Arndt hielt an seinem Grab die Trauerrede. Reimers Verlag florierte. Im Jahr 1897 kaufte ihn der dort groß gewordene Walter de Gruyter. Reimers Sohn Dietrich gründete 1845 einen eigenen Verlag. Auch er steht noch heute im Handelsregister.

Im Haus des Hofgärtners

Prinz Wilhelm von Preußen

Einigkeit und Recht und Freiheit. Dieser Dreiklang war es, für den die deutschen Fürsten taub waren. Im März 1848 strebten ihre Untertanen danach, schwesterlich und brüderlich mit Herz und Hand: nationale Einheit und eine gesamtdeutsche Verfassung mit allen bürgerlichen Freiheiten. So wie in Frankreich. Sie langten danach mit aller Kraft. In Süddeutschland und in Österreich hatten die Regierungen dem Drängen schon nachgegeben, als es auch in Preußens Hauptstadt zu gären begann. Friedrich Wilhelm IV., der König, ging darauf ein. Pressefreiheit wolle er gewähren, einen Landtag einberufen. Eine Proklamation solle verlesen werden, hieß es, und zwar am Vormittag des 18. März, einem Samstag, auf dem Schloßplatz. Tausende kamen. Plötzlich aber knallten Gewehre und binnen Kurzem befand sich Berlin im Straßenkampf, die ganze Nacht hindurch, bis der König seine Truppen im Morgengrauen zurückbeordern ließ.

Den Verantwortlichen für den Militäreinsatz meinten die Männer und Frauen auf und hinter den Barrikaden zu kennen: Prinz Wilhelm, der nächstjüngere Bruder des beliebten Königs, fünfzig Jahre alt, ein erzkonservativer Knochen. Hochverrat am Volke habe er begangen (dieser Vorwurf hatte sogar vor Gericht Bestand), ein „Kartätschenprinz" sei er, der mit Schrotkartuschen habe schießen lassen. Solch perfide Munition war tatsächlich geflogen, doch der Befehl dazu kam nicht von ihm. Er kommandierte die Rheinarmee. Wie auch immer, wenige waren verhasster als Wilhelm, der mit seiner Frau Augusta und den Kindern Friedrich Wilhelm („Fritz") und Luise im Palais am heutigen Bebelplatz wohnte, einem Ort wütenden Protests. „National Eigenthum" pinselte ein Student zwischen die Fenster, um die erboste Menge davon abzuhalten, das Haus zu demolieren. Die Prinzenfamilie flüchtete ins Stadtschloss.

Prinz Wilhelm von Preußen und seine Gemahlin Augusta von Sachsen-Weimar-Eisenach, nach 1840, undatierte Radierung

Dem König war klar: Sein Bruder Wilhelm musste aus der Schusslinie, und zwar aus diversen Gründen. Zum einen schwebte er in Lebensgefahr. Zum anderen war seine Anwesenheit in Berlin eine stete öffentliche Provokation. Zum dritten war er voraussichtlich Preußens nächster König, denn – das zeichnete sich ab – die inzwischen 46-jährige Königin Elisabeth würde kinderlos bleiben. Eine Bürgerdeputation verlangte Wilhelms Thronverzicht. War er abwesend, lief die Forderung ins Leere. Ergo: Er musste in ein Versteck.

Was sich in den folgenden drei Tagen zutrug, lässt sich nicht einwandfrei darstellen. Denn die, die dabei waren, widersprechen sich in manchem Detail. Zu lesen in Wilhelms und Augustas Briefen, im Tagebuch ihres Sohnes, dem der Hofdame Luise Gräfin von Oriola und in den Aufzeichnungen von Major August Oelrichs, dem Adjutanten des Prinzen.

Als sichere Zuflucht bot sich die Zitadelle bei Spandau an. Wilhelm ließ seinen – später so populären – Bart abrasieren und verkleidete sich als Lakai, Augusta als Zofe. Sie verabschiedeten sich von den Kindern, die das Schloss heimlich über die Apotheke verließen und mit Kutsche und Eisenbahn nach Potsdam gebracht wurden. Gegen acht Uhr abends an jenem 19. März wandelten Wilhelm und Augusta in Begleitung zweier Hofdamen unerkannt Unter den Linden entlang zu ihrem Palais. Dort wartete auf sie eine Kutsche, die sie ungehindert vors Potsdamer Tor zum Karlsbad brachte. Hier stiegen sie in eine Droschke um. Am nächsten Morgen um vier Uhr stiegen sie im Hotel und Gasthaus „Zum Schwarzen Bären" in Spandau ab. Der Festungskommandant erhielt Bescheid und holte die ulkig gekleideten hohen Gäste in seine schützenden Mauern. Doch traf bald nach ihnen die Nachricht ihrer Ankunft in Spandau ein. Nun brodelte es auch hier. Der Prinz brauchte ein neues Versteck.

Eine Meile havelabwärts liegt die Pfaueninsel. Zwei Spandauer Offiziere besaßen einen Kahn. Artilleristen erhielten am 21. März den schweißtreibenden Befehl, das Boot am Ufer des Flusses hinab nach Pichelsdorf zu buckeln. Wilhelm und Augusta, begleitet von einer Kammerfrau und der Gräfin Oriola, folgten auf einem Bauernkarren. Die als Fischer verkleideten Offiziere ruderten sie dann von Pichelsdorf zur Pfaueninsel. „Eine milde Nacht bei wundervollem Mondschein begünstigte uns", schwärmte die Gräfin. Auf der Insel klopften die Ruderer die Familie des Hofgärtners Gustav Adolph Fintelmann aus dem Schlaf. Dessen Frau Eulalia sah sofort, was nottat. Sie bettete für Augusta in der guten Stube das Sofa auf, die Gräfin legte sich davor auf die Dielen. Die Prinzessin reichte ihr ihre Kissen. Am Morgen,

Das Haus des Hofgärtners Gustav Adolph Fintelmann, der auch Kastellan der Pfaueninsel war, 2022

nach Einnahme eines improvisierten Frühstücks, trafen ihre Kinder ein. Fritz berichtete, auf „dem Potsdamer Schloss sowohl wie auf Babelsberg, Glienicke, Marmorpalais wehte die Trikolore“ in revolutionärem Schwarz-Rot-Gold. Auch auf der Zitadelle, wissen wir aus anderer Quelle, flatterte sie inzwischen.

Im Laufe des 22. März, seinem Geburtstag, erhielt Wilhelm Besuch. Sein Bruder Carl versuchte ihn dazu zu bringen, an der Spitze der Armee die Konterrevolution anzuführen. Das lehnte Wilhelm ab. Dem Willen seines älteren Bruders, des Königs, überbracht von dessen Geheimem Regierungsrat Julius Freiherr von Schleinitz, musste er jedoch willfahren. Königin Victoria von Großbritannien und Irland habe Asyl angeboten, und zu ihr solle er sich auf den Weg machen. Gleich abends um halb neun also musste sich Wilhelm von seiner Familie trennen, Augusta begleitete ihn noch das kurze Stück auf der Fähre nach Nikolskoe, ein letztes freundliches Wort, dann machte er sich auf nach

Hamburg zum Hafen. Kammerdiener und Adjutant fuhren mit ihm. Zusammen waren sie die „Kaufleute Oelrichs aus Potsdam". Der falsche Pass half ihnen nur bedingt. Ein paar Mal mussten sie sich aus dem Staube machen, ehe sie am 25. März abends endlich die „John Bull" bestiegen, die am 27. früh um vier in der Themse Anker warf.

Wie es im Prinzen aussah, erfuhr seine Schwester Charlotte, die als russische Zarin den Namen Alexandra Fjodorowna trug, aus seinem Brief aus Hamburg: „Diese Lage ist zu fürchterlich! Ich bin wie vernichtet! Gar keine Aussicht in die Zukunft! Getrennt von den Meinigen, herzzerreißenden Abschied von ihnen nehmend am 22. auf der Pfaueninsel, wo ich 2 Tage verborgen war."

Keine Zukunft? Augusta machte sich für ihn stark, sein Bruder, der König, drohte politisch, Wilhelm hängte sich ein demokratisches Mäntelchen um – und erregte den Argwohn der Öffentlichkeit: „Schlächtermeister, Prinz von Preußen, komm doch, komm doch nach Berlin! Wir wollen dich mit Steinen schmeißen und die Barrikaden ziehn." Die liberale preußische Regierung aber willigte ein. Wilhelm durfte zurückkehren. Am 7. Juni traf er seine Familie im Charlottenburger Mausoleum wieder, an den Gräbern seiner Eltern. Im folgenden Jahr befehligte er den badischen Feldzug gegen Deutschlands Demokraten, 1871 ließ er sich zum Kaiser proklamieren.

Im selben Jahr, viereinhalb Jahre nach seiner Frau Eulalia, starb Fintelmann. Ihre Grabmäler stehen auf dem Nikolskoer Kirchhof. Der Hofgärtner der Pfaueninsel, der einige Jahre seines Lebens bei Paris verbracht hatte, erfuhr eine besondere Ehrung. Eine französische Rosenzüchtung erhielt 1853 auf galante Weise den Namen: „Madame Gustave Fintelmann".

Am Zuchthaus

Carl Schurz

In Spandaus Altstadt gab es eine Kinkelstraße. Seit 2002 heißt sie wieder Jüdenstraße. Benannt war sie lange Zeit nach dem Professor und Redakteur der demokratischen *Bonner Zeitung* Gottfried Kinkel (1815–1882), einem Republikaner der Märzrevolution, der wegen seines Kampfes zu lebenslanger Festungshaft verurteilt worden war. Spandau wurde sein Gefängnisort.

In der Spandauer Altstadt gibt es die Carl-Schurz-Straße. Bis 1939 hieß sie Potsdamer Straße. Der Name der Einkaufsmeile ehrt Carl Christian Schurz (1829–1906), der bei Kinkel Rhetorik studierte, sein Freund und – bei der *Bonner Zeitung* – sein Kollege wurde. Als Republikaner verteidigte er die Revolution bis zuletzt. Danach fuhr er nach Berlin und agierte versteckt, bis er Kinkel in Spandau befreite – mit der entschlossenen Hilfe eines Dritten.

Eine Georg-Brune-Straße gibt es in Spandau nicht.

Aber ein Zuchthaus gab es in Spandau, das größte Gebäude der kleinen Stadt, im heutigen Straßenkarree Carl-Schurz-, Moritz-, Jüden- und Charlottenstraße. Welch ein zuerst schöner, dann schauriger Ort! Graf Rochus zu Lynar, der 1578 zum Bau der Zitadelle nach Spandau gekommen war, ließ sich dort einen Palast errichten, in dem noch seine jung verwitwete Schwiegertochter, die Gräfin Elisabeth, wohnte, ehe sie in das 1621 von ihr erworbene Schloss Lübbenau umzog. Sie starb 1652. Ihre Erben verkauften das leerstehende Spandauer Palais 1686 an Kurfürst Friedrich Wilhelm, der Verwendung dafür hatte: als Zucht- und Spinnhaus. Gleich im nächsten Jahr zogen die ersten Kleinkriminellen und Bedürftigen ein. Wolle verspannen sie so lange, wie es die Urteile ihrer Richter bestimmten. Und ließ ihr Schicksal nichts Besseres zu, zwirbelten sie in den gefängnisähnlichen Mauern ein Leben lang Garn oder hockten am Webstuhl.

Das Zuchthaus von Spandau im ehemaligen Palais Lynar, Foto vor 1890

Die Anstalt wurde erweitert, bis sie das ganze Karree einnahm. Im Jahr 1872 gab die Justiz das Zuchthaus auf. Es wurde zur Kaserne, bis es auch dafür nicht mehr taugte und 1898 abgerissen wurde.

Der fraglos bekannteste Spandauer Zuchthäusler war Gottfried Kinkel. Demokraten in allen deutschen Staaten litten mit ihm, besonders seine Frau Johanna und sein Freund Carl Schurz. Nach der Kapitulation der Demokraten in Rastatt im Juli 1849 war Kinkel gefangen, verurteilt und auf lebenslange Zeit nach Spandau transportiert worden. Schurz konnte aus dem belagerten Rastatt fliehen. Kinkel in Haft, Schurz in Freiheit. Der Jüngere musste dem Älteren helfen. Ihn befreien, irgendwie.

Johanna Kinkel startete eine nationale Sammlung, die so reichlich Spenden erbrachte, dass Carl Schurz finanziell unbesorgt sich ans Werk machen konnte. Den Spendenfonds für Kinkel verwahrte Johannas Berliner Freundin Rebecka

Gottfried Kinkel im Zuchthaus, Holzstich, 1850

Dirichlet, die Schwester von Fanny und Felix Mendelssohn Bartholdy. Am 11. August 1850 kam Schurz in Berlin an, steckbrieflich gesucht, mit falschem Pass unter dem Namen seines Cousins Heribert Jüssen. Vorsichtig tastete er sich an Kinkel heran. Er stieg bei Bundesbrüdern seiner Burschenschaft in der Markgrafenstraße ab, um nicht als Dauergast im kleinen Spandau aufzufallen. Dorthin pendelte er nach abendlichem Passieren des Brandenburger Tores mit Mietkutschen von Charlottenburg oder Moabit aus. Zunächst aber suchte er, auf Empfehlung von Frau Kinkel, den Arzt und Geburtshelfer Karl Heinrich Ferdinand Falkenthal in Alt-Moabit 13 auf, wo er ab Ende September auch wohnte.

Falkenthal verwies Schurz vertraulich weiter an den Spandauer Ratsherrn Friedrich Krüger, Inhaber des „Schwarzen Bären“, des ersten Hotels und Gasthofs am Platze, nicht weit vom Zuchthaus. Krüger wiederum brachte Schurz mit dem Nagelschmied August Poritz und dem Bäckermeister Wilhelm Leddihn zusammen und achtete darauf, dass niemand ihre Gespräche im Hinterzimmer des „Schwarzen Bären“ hörte oder störte. Denn die beiden jungen Spandauer kannten Wärter im Zuchthaus und stellten vier von ihnen Schurz nacheinander vor. Er bat sie, von dem Spendengeld für Kinkel Kost zu kaufen, ja, sie waren sogar bereit, Kassiber hin- und herzuschleusen. So erfuhr der Inhaftierte, dass Schurz in der Nähe war. Bei der Befreiung zu helfen, das aber war den Vollzugsleuten zu heiß. Immerhin, sie verrieten nichts.

Der fünfte Wächter, den Schurz traf, hieß Georg Brune. „Auch er war Unteroffizier gewesen“, charakterisierte ihn Schurz, „auch er hatte Frau und Kinder und ein spärliches Gehalt wie die andern. Aber in seinem Wesen war nichts von der unterwürfigen Demut der Subalternnatur.“ Dies war sein Mann! Schnell vertrauten sie einander. Brune war zu allem entschlossen. Was ihn aber sorgte, war das Auskommen seiner fünfköpfigen Familie, falls die Befreiungsaktion ihn seinen Beruf kostete. Schurz zahlte ihm 400 Taler aus dem Spendenfonds. Davon konnten die Brunes über zwei Jahre leben.

Von Kinkels Befreiung erzählte Schurz 1903 in seinen Lebenserinnerungen minutiös. Der erste Versuch schlug fehl. Brune, der in Kinkels Etage Dienst hatte, fand den Schlüssel zu dessen Zelle in der Revierstube nicht. Versehentlich hatte ihn der Inspektor mit in den Feierabend genommen. Schurz, der mit einem Nachschlüssel ins Zuchthaus gelangt war und sich am Eingang versteckt hielt, wartete eine halbe Stunde. Dann kam Brune – ohne Kinkel.

In der folgenden Nacht, vom 6. zum 7. November 1850, wagten sie es erneut, diesmal mit einem langen Seil. Der Neu-Staakener Gutsbesitzer Adolph Hensel, den Behörden als einer der „berüchtigsten Democraten in der Umgegend von Spandau" bekannt, schloss sich mit seiner Pferdekarre der Aktion an. Diesmal verbarg sich Schurz dem Zuchthaus gegenüber in einer dunklen Nische, an Straßenecken standen Posten Schmiere. Brune hatte wieder Dienst im ersten Obergeschoss. Der Schlüssel zu Kinkels Zelle fand sich diesmal, aber er ließ sich im Schloss nicht drehen. Aufgeregt holte Brune eine Axt und hieb die Vergitterung auseinander. Schnellstens führte er Kinkel auf den Dachboden, befestigte das Seil an einer Luke und gab Schurz, Stein auf Stahl, Feuerzeichen. Kurz nach Mitternacht schwebte Kinkel die Hauswand hinab. Wie geplant polterte Hensel mit seinem Wagen über das Straßenpflaster, um den Lärm fallender Schindeln und Mauersteine zu übertönen. Kaum war Kinkel unten, sprang Schurz aus seinem Versteck auf seinen Freund zu. Sie eilten in Krügers Hinterzimmer, wo zivile Kleidung für Kinkel bereit lag. In der Gaststube dampfte Punsch: Ein Zuchthauswärter feierte gerade Geburtstag. Adolph Hensel beharrte darauf, Schurz und Kinkel so weit wie möglich zu kutschieren. Bis Strelitz schafften es seine Pferde, dann konnten sie nicht mehr.

Zehn Tage später legte die „Kleine Anna" in Warnemünde ab und segelte Kinkel und Schurz nach London. Kinkel lehrte dort bis 1866. Mit seiner zweiten Frau Minna (Johanna war 1858 gestorben) folgte er danach einem Ruf ans Eidgenössische Polytechnikum (heute: Eidgenössische Technische Hochschule) in Zürich, wo er 1882 starb. Schurz' Exodus führte in die USA. Als Mitglied der Republikanischen Partei kämpfte er im Bürgerkrieg gegen die Sklavenhalter. Von 1869 bis 1875 vertrat er den Staat Missouri im Senat, und 1877 brachte er es zum Innenminister unter Präsident Rutherford B. Hayes.

Unglücklich erging es Friedrich Krüger. Vom Vorwurf der Teilnahme an Kinkels Befreiung wurde er zwar freigesprochen, aber man nahm ihm die Konzession für seinen Gasthof und entließ ihn aus dem Spandauer Rat. „Mit seiner

Carl Schurz als Student in London, Bleistiftzeichnung, 1851

zahlreichen Familie, 7 Kindern“, schrieb Schurz an Kinkel Ende 1851, ist er „der bittersten Not preißgegeben.“ Trotz Schurz’ Hilfe fasste die Familie nicht mehr Fuß. Krüger starb in den 1870er-Jahren.

Einzig Georg Brune erhielt eine Freiheitsstrafe, vier Jahre und zwei Monate. Nach seiner Entlassung zog er mit seiner Familie zurück in seine westfälische Heimat nach Sassendorf auf den Hof seiner Eltern. Im Jahr 1866 verstarb seine Frau. Seinen Lebensabend verbrachte er im Pförtnerhäuschen der Hermannshütte in Hörde, dem heutigen Dortmunder Stadtteil. Kinkel und Schurz hielten Kontakt zu ihm. Schurz unterstützte ihn aus den USA finanziell. Im Januar 1891 starb Brune fast 80-jährig im Hospital der Hütte an Lungenentzündung.

Im Hinterzimmer einer Kneipe

Homosexuelle in der Kaiserstadt

Am 1. Januar 1872 trat das Strafgesetzbuch für das Deutsche Reich in Kraft. Es gilt bis heute. Paragraf 175 besagte: „Die widernatürliche Unzucht, welche zwischen Personen männlichen Geschlechts oder von Menschen mit Thieren begangen wird, ist mit Gefängniß zu bestrafen; auch kann auf Verlust der bürgerlichen Ehrenrechte erkannt werden." Am 11. Juni 1994 trat das Neunundzwanzigste Strafrechtsänderungsgesetz in Kraft. Paragraf 175 besagt nun nichts mehr. Seine ersatzlose Streichung kann gelesen werden als Beitrag der deutschen Legislative, wenigstens juristisch zu einem vormittelalterlichen Zustand zurückzukehren, den die christliche Welt damals zwar missbilligte, aber nicht ahndete. Sodomie, nach alter Lesart das sexuelle Verhältnis von Menschen gleichen Geschlechts, galt zwar als Sünde, ließ sich aber beichten und büßen. Warum sie diskriminiert, ja sogar kriminalisiert wurde, lässt sich nur vermuten. Einige Scheiterhaufen loderten vereinzelt in Europa. Eine rechtliche Handhabe bot, am 27. Juli 1532 ratifiziert, das Strafgesetzbuch des Heiligen Römischen Reiches, die Constitutio Criminalis Carolina. Artikel 116 besagte: Wenn „ein mensch mit eynem vihe, mann mit mann, weib mit weib, vnkeusch treiben, die haben auch das leben verwürckt, vnd man soll sie, der gemeynen gewonheyt nach mit dem fewer vom leben zum todt richten".

Aufs Schafott führte ermittelter homosexueller Verkehr nicht immer, doch verfolgt wurde er bis in die jüngste Zeit. Nur versteckt konnte er stattfinden. Nur wo? Zum einen, so der Sexualwissenschaftler Magnus Hirschfeld im Jahr 1914, kam es darauf an, dass der Homosexuelle „seine Privatwohnung nach Möglichkeit von sexuellem Verkehr freihält, einerseits um das Geheimnis seines Namens, andererseits um sich nicht in seinem Hause hinsichtlich seiner Neigung verdächtig zu machen". Er musste also das Freie suchen, wo er Bekannte oder männliche Prostituierte treffen konnte, sogenannte Pupen. Dort aber, so der Publizist Hans Ostwald 1906, drohten Gauner zu lauern, im Jargon „Rupfer", die „darauf ausgehen, ältere Herren bei der Befriedigung eines gewissen Bedürfnisses im Freien anzufallen, festzuhalten und sie der versuchten Päderastie zu beschuldigen. Unter der Drohung, sie zum nächsten Polizeirevier führen zu wollen, erpressen diese Strolche auf solche Weise namhafte Geldsummen."

Wo also sich verstecken, *sicher* verstecken allzumal?

Um 1900 gab es im Tiergarten den „schwulen Weg". Der dortige Parkschließer war selbst homosexuell, hielt Liebespaaren den Eingang gegen ein kleines Entree abends länger offen und warnte sie, wenn Gendarmen oder „Rupfer" ihre Runde machten. Laternen aufstellen, empfahl der Polizeipräsident allen Ernstes, leuchteten sie, erschiene die Szene in neuem Licht – und die Schwulen dann an neuem Ort. Was war gewonnen für die öffentliche Ordnung? Es blieb dunkel auf dem schwulen Weg.

Bevor die Stadt- und Ringbahn Großraumwagen einsetzte, waren ihre Einzelabteile Anziehungsorte. In Privat- oder auch – seit 1892 – Volksbadeanstalten trafen sich Männer (Frauen hatten seltener Zutritt) oder sie warteten – zu flüchtigem Kontakt – in öffentlichen Pissoirs, wie man sie seit 1879 achteckig in Berlins Straßen und Grünanlagen aufstellte.

Angenehmer war es im Theater, wo – zumal in Logen – sich Zärtlichkeiten unauffälliger austauschen ließen. Das Nationaltheater am Weinbergsweg 18/19, ab 1906 Walhalla-Theater (1943 zerstört, heute südlicher Zipfel des Volksparks) genoss besondere Beliebtheit. Vor allem aber die Séparées von Lokalen boten gemütliche Verstecke, vorausgesetzt, auf die Wirte war Verlass. Diese gingen selbst ein hohes Risiko ein. Denn wer Treffen von Schwulen oder Lesben zuließ, also im Sinne von Paragraf 180 StGB „durch Gewährung von Gelegenheit der Unzucht Vorschub" leistete, wurde, kam es

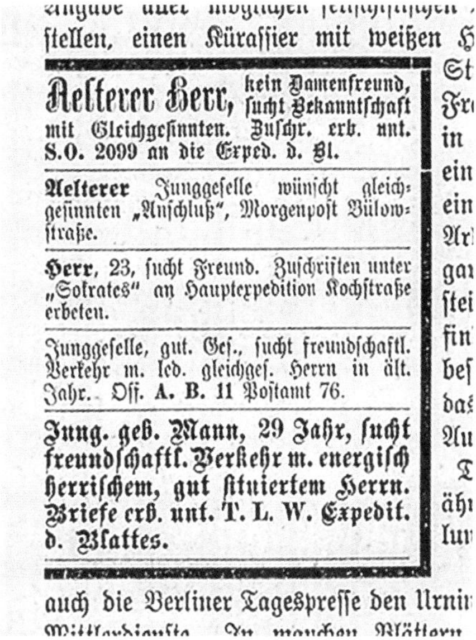

stellen, einen Kürassier mit weißen

Aelterer Herr, kein Damenfreund, sucht Bekanntschaft mit Gleichgesinnten. Zuschr. erb. unt. S.O. 2099 an die Exped. d. Bl.

Aelterer Junggeselle wünscht gleichgesinnten „Anschluß", Morgenpost Bülowstraße.

Herr, 23, sucht Freund. Zuschriften unter „Sokrates" an Hauptexpedition Kochstraße erbeten.

Junggeselle, gut. Ges., sucht freundschaftl. Verkehr m. led. gleichges. Herrn in ält. Jahr. Off. A. B. 11 Postamt 76.

Jung. geb. Mann, 29 Jahr, sucht freundschaftl. Verkehr m. energisch herrischem, gut situiertem Herrn. Briefe erb. unt. T. L. W. Expedit. d. Blattes.

auch die Berliner Tagespresse den

Beispiele für „eindeutige" Anzeigen aus Berliner Tageszeitungen, abgedruckt in Magnus Hirschfelds Buch *Berlins Drittes Geschlecht*, 1904

zur Verurteilung, bis 1969 „mit Gefängnis nicht unter einem Monat bestraft; auch kann zugleich auf Geldstrafe, auf Verlust der bürgerlichen Ehrenrechte sowie auf Zulässigkeit von Polizeiaufsicht erkannt werden". Heute schützt der Paragraf nur noch Minderjährige.

Aller Gefahr zum Trotze gab es in Berlin Ende des 19. Jahrhunderts eine Reihe von Etablissements, wo homosexuelle Paare versteckt verkehren konnten. Am sichersten vielleicht im Schutz der französischen Botschaft am Pariser Platz. Dort ging es hinab in den „Pariser Keller", einen eleganten Club für besser Betuchte. Billigere Geheimtipps der 1880er-Jahre waren der „Riesentunnel" am Zirkus Renz, dem späteren, 1985 abgerissenen „Friedrichstadtpalast" am Schiffbauerdamm, und der „Markgrafenkeller“ in der Markgrafenstraße 47 (heute 39) am Gendarmenmarkt. In den Etagen darüber waltete Fortuna – im Erdgeschoss zahlte die Königliche Lotterie-Direktion Gewinne aus –, dann Justitia: Im Jahr 1887 zog das Königliche Oberverwaltungsgericht ein.

Lesben traten halböffentlich weniger in Erscheinung, denn Frauen konnten sich schicklicherweise abends in der Stadt nur am Arm eines Mannes zeigen. Gleichwohl gab es auch für sie Lokale. Die „Zauberflöte“ in der Kommandantenstraße 72 hielt Séparées für beide Geschlechter bereit, die „Herren-Abt.“ im Ober-, die „Damen-Abt.“ im Untergeschoss. Bälle für Schwule und Lesben sind für das Jahr 1884 belegt.

In einem Lokal in der Jägerstraße 10 begrüßten seit 1881 Carl August Seeger, Jahrgang 1843, und sein zehn Jahre jüngeres Verhältnis Paul Friedrich Block, genannt „Fuchtel“ beziehungsweise „die schöne Paula“, ihre Gäste, hetero- wie homosexuelle. Letztere trafen sich in zwei Hinterzimmern, als Sichtschutz zum Gastraum mit Vorhängen versehen. Wären sie nur immer dicht zugezogen gewesen! Es gab Gäste, die sich belästigt fühlten. Sie erstatteten Anzeige.

Im Allgemeinen ließen Berlins Ordnungshüter Homosexuelle in Ruhe. Bekannte Verstecke beobachteten sie, schritten aber selten ein. Nur so kam Magnus Hirschfeld zu seinen berühmten Sozialstudien, erstmals 1896 in der Kneipe von Gustav Hannemann in der Alexandrinenstraße 123. Bei Seeger lag jedoch eine Anzeige vor. Im Februar 1885 observierten der Polizist Komischke und der Postbeamte Gantzow das Lokal verdeckt. Sie nahmen wahr, wie Männer sich küssten, die Genitalien berührten, sich obszön äußerten und mit Frauennamen ansprachen. Am 22. Februar, Seegers Lokal war gut besucht, trat urplötzlich Kriminalkommissar Wolff ein, sieben Mann im Gefolge, draußen Schutzleute. Razzia! Die Beamten stellten die Identitäten der Anwesenden fest oder führten sie aufs Revier. Seeger wurde auf der Stelle verhaftet. Der Tatvorwurf: Kuppelei.

Am 30. November 1885 kam es vor der 3. Strafkammer des Landgerichts Berlin I zur nichtöffentlichen Hauptverhandlung gegen Seeger, Block und zehn ihrer Gäste. Als Zeugen sagten auch Komischke und Gantzow aus. Die Angeklagten erwiderten, sie hätten gemeint, versteckt zu handeln und, „sobald ein ihnen unbekannter Gast ins Lokal getreten sei, gezischt oder ein ähnliches Warnungszeichen gegeben“. Landgerichtsdirektor Schmidt, der nach dem Urteil verkündete, ein „Ekel sei es gewesen, dieser Verhandlung beiwohnen zu müssen“, verwarf den Einwand. Er verhängte Freiheitsstrafen, sechs Monate (und ein Jahr Ehrverlust) gegen Seeger wegen Kuppelei, drei Monate gegen die Übrigen wegen Erregung öffentlichen Ärgernisses. Ein 36-jähriger Lehrer wurde freigesprochen. Seeger musste die Strafe absitzen. Aber nicht alle Verurteilten! Einer nämlich hieß Max Engel, „Röschen“ gerufen, in Berlin geboren, zum Zeitpunkt der Razzia 26 Jahre alt, selbstständiger Damenschneider und – vorteilhaft – Sohn des Oberkammerdieners Wilhelms I. Der joviale alte Kaiser hatte ein Einsehen mit der Bitte seines Dieners und wandelte die Gefängnisstrafen von Engel und drei weiteren Verurteilten in Geldstrafen um. Mit 300 Mark waren sie aus dem Schneider. August Seeger verlor seine Gaststättenlizenz und sah einer ungewissen Zukunft entgegen, Max Engel aber avancierte als „Die Engeln!“ zu einem gemochten Amuseur im schwulen Tingeltangel-Milieu des Fin de Siècle.

Am Tatort

Hermann Günzel

Die folgende Geschichte handelt im Wesentlichen von zwei Personen, Max Kreiß und Hermann Günzel.

Max Kreiß wohnte in der Adalbertstraße 61 im heutigen Berliner Ortsteil Friedrichshain und betrieb dort die Firma Kreiß & Co., ein Handelsgeschäft für „Glaswaaren Engros, Export; Spezialität: Beleuchtungsartikel u. Artikel f. Kolonialwr. u. Vorkosthdl., Restaur. etc.". So steht es werbewirksam im Berliner Adressbuch von 1887. Dem Kaufmann ging es materiell recht gut, gesundheitlich schlechter, er lebte allein und zurückgezogen in einer Vierzimmerwohnung im zweigeschossigen Seitenhaus eines Gewerbegrundstücks. Vor allem arbeitete er dort, denn drei der Räume dienten als Lager, Musterraum und Kontor, und nur im hintersten wohnte und schlief er.

Hermann Günzel, geboren am 20. Mai 1861 bei Glogau, lebte von den kümmerlichen, unregelmäßigen Erträgen seiner Tätigkeit als Handlungsgehilfe. Häufiger war er auf der Suche nach einem Arbeitgeber und seit Anfang Februar 1887 komplett erwerbslos. Zu einer eigenen Wohnung reichte es nicht mehr, sondern nur noch zu einer Schlafstelle. Bei Frau Kaul in der Dresdener Straße 5 teilte er sich einen Raum mit deren Sohn Gustav und einem Tischler. Jeder zahlte monatlich 10,50 Mark, Frühkaffee inklusive. Günzel lebte, solang er noch Kredit hatte, auf Pump. Frau Kaul, die auf die Miete angewiesen war, mahnte ihn permanent. Günzels Schwester, die mit ihrem Gatten, dem Tischler Gustav Ostermann, und ihrer Stiefschwester Ernestine Reisdorf in der Rixdorfer Hermannstraße wohnte, konnte ihn wenig unterstützen. Zu viel mehr als einem Butterbrot reichte es meist nicht. Ihren Trauring hatte er bereits versetzt. Seine Kleidung war verschlissen, der gute Anzug beim Pfandleiher, wie sollte er sich so bewerben gehen? Sein Magen knurrte und Frau Kaul drohte mit

Kündigung, wo sollte er noch Kost und Logis finden? Das Obdachlosenasyl als letzter Ausweg? Nur das nicht! In seiner Verzweiflung ersann Günzel eine Lösung, die Max Kreiß das Leben kosten sollte und ihn lebenslang die Freiheit.

Ostersonntag, den 10. April 1887, gegen elf Uhr morgens trafen sich zwei Mitarbeiter von Kreiß mit seinem Bruder Jean und dessen Frau vor seiner Tür. Sie wollten, wie am Vortag, bei der Inventur helfen. Jean klingelte und klopfte und rief. Nichts rührte sich. Einer der Mitarbeiter kletterte außen hinauf und lugte durch Kreiß' Wohnzimmerfenster. Niemand zu sehen. Er klopfte ans Glas. Keine Reaktion. Er drückte die Scheibe ein und sprang ins Zimmer. Im Nachbarraum, dem Kontor, fand er seinen Chef. Sofort riss er die Wohnungstür auf. Die drei im Hausflur Wartenden preschten herein, ihr Entsetzen war groß. Max Kreiß lag auf dem Fußboden, ein Hanfseil um den Hals, der Schädel zerschmettert (von einem Hammer, wie die Autopsie ergab). Jean schloss mit einem Zweitschlüssel den Geldspind seines Bruders auf. Der Kassenbestand, 716 Mark und 64 Pfennig ermittelte ein Revisor später, war fort und Max' Brieftasche mit dem Reservefonds von 125 Mark auch. Verschwunden waren auch seine Taschenuhr und der Tresorschlüssel, der immer in seiner linken Hosentasche steckte.

Polizeiinspektor Stüwe und seine Kollegen ermittelten zunächst im direkten persönlichen Umfeld des Toten, trafen aber überall auf sichere Alibis. Im weiteren Personenkreis fiel den Beamten Kreiß' ehemaliger Buchhalter auf, der nur wenige Wochen bei ihm gearbeitet hatte. Anfang Februar im Streit entlassen, hatte er sich seinen Lohn gerichtlich erkämpfen müssen. Sein Name: Hermann Günzel. Die Verdachtsmomente häuften sich, bis sie für einen Haftbefehl reichten. Am 14. April 1887 in aller Frühe holte Kriminalkommissar Damm Günzel aus dem Bett, brachte ihn erst ins Polizeipräsidium am Molkenmarkt und dann ins Untersuchungsgefängnis nach Moabit. Landgerichtsrat Max Hollmann übernahm den Fall.

Nach seinem Aufenthaltsort am Abend des 9. April und in der Tatnacht befragt, nannte Günzel das Sadausche Lokal an der Breiten Straße, Ecke Schloßplatz, also fern des Tatorts. Dort habe er noch spät gespeist, eine Jauersche (eine Brühwurst) und ein Bier für 25 Pfennig, und mit der Wirtin gesprochen. Doch ergab sich, dass Frau Sadau von Karfreitag bis zum dritten Ostertag verreist war. Es könne auch ihre Schwester gewesen sein, korrigierte sich Günzel. Doch hatte diese an jenem Abend durchweg Küchendienst und keinen Kontakt zu Gästen. Andererseits hatte ihn zur selben Zeit eine Frau in der Nähe des Tatorts gesehen. Auch jede weitere Frage parierte Günzel mehr oder minder glaubhaft. Woher er nach Ostern plötzlich das Geld hatte, mit dem er seinen Anzug beim Pfandleiher auslöste, Schulden bei seinem Schwager tilgte und groß einkaufte, Herrenmantel, Stiefel, Unterhose, Hemd, Stock und sogar ein Stück Seife? Na, er habe ein Kuvert gefunden, in dem ein 100-Mark-Schein steckte. Woher rührte das Blut an der Kleidung, die er sofort seiner Schwester zum Waschen brachte? Nun, von einem aufgekratzten Geschwür und von einer Prügelei. Prügelei? Die Gegner, die er benannte, verneinten. Wozu bat er erst Frau Kaul, dann seine Schwester um ein Beil, schließlich einen Budiker um einen schweren Hammer? Um ein Holzregal zu bauen, nein, um einen Koffer zu öffnen, nein, um die Absätze seiner Stiefel zu reparieren, ja, genau, so war's. Kurzum, von Günzel kam Antwort auf Antwort, aber kein Geständnis. Der Prozessbeobachter Paul Lindau, Journalist und Schriftsteller, rekonstruierte schließlich den Tathergang so:

Am Ostersamstag gegen zwanzig Uhr betritt Günzel das ihm aus seiner Zeit als Buchhalter wohlbekannte Haus. Herr Heinrich, der Pförtner, sieht ihn nicht. Vorbei an Kreiß' Wohnung, wo Inventur stattfindet, steigt Günzel treppauf bis zur Dachbodentür und versteckt sich davor, Seil und Schmiedehammer neben sich. Er wartet und horcht. Um neun Uhr hört er Kreiß' Bruder und Schwägerin sich ver-

in der australischen Fahrt 1759 648
an ausgehenden Gütern:
nach Ostasien 7176 cbm
nach Australien 9898 cbm

Lokales.

— In der Kreiß'schen Raubmordsache ist es durch die bisherigen, von dem Kriminal-Inspektor Stüwe geleiteten Ermittelungen nicht gelungen, eine Person derartig zu belasten, daß ihre Festnahme hätte erfolgen können. Die entgegenstehende Mittheilung eines Lokal-Berichterstatters ist daher unrichtig und wahrscheinlich durch den Umstand veranlaßt worden, daß mehrere Auskunftspersonen zum Zwecke ihrer sofortigen Abhörung durch Kriminalbeamte nach den Diensträumen des Kriminal-Kommissariats geholt worden sind. Den einzigen Anhalt zur Ermittelung des Thäters bilden zwei im Kontor nahe bei dem geraubten Geldspind aufgefundene grüne Zettel, welche höchst wahrscheinlich der Mörder dort verloren hat, da sie nach Versicherung des Kaufmanns Kreiß und der beiden Hausdiener vorher an dem Fundort nicht gelegen haben und auch nicht erfindlich ist, wie sie in das Kontor gekommen sind. Der eine Zettel ist eine auf den Namen des Schuhmachermeisters Haberland, Schmidtstraße 44., lautende Quittung der städtischen Einkommensteuer vom 1. Januar 1886. Haberland vermag keine Auskunft darüber zu geben, auf welche Weise der Steuerzettel ihm abhanden gekommen ist, erklärt es aber für möglich, daß derselbe ihm beim Umzuge verloren oder ihm von einem Gesellen entwendet worden ist, um die Quittung als Legitimation bei einer Verpfändung zu benutzen. Der zweite Zettel ist ein grünes Abonnementsbillet für das Nationalpanorama, auf dessen Rückseite sich ein Stempel mit folgender Inschrift befindet: „Zentral-Speise-Anstalt von P. Schirlitz, C. Beuthstraße 10." und darunter mit blauer Dinte geschrieben der Name „K. Baethge." Es ist festgestellt worden, daß die Schirlitz'sche Speise-Anstalt Billets zum National-Panorama für die Hälfte des Kassenpreises an die Besucher des Lokals verkauft hat. Ob sich unter den Letzteren ein K. Baethge befunden hat, konnte indeß noch nicht ermittelt werden.

Vermischtes.

Posen, 12. April. (Pos. Ztg.) Das Emausfest, welches am zweiten Osterfeiertage, Nachmittags, in üblicher Weise in und bei der katholischen St. Johannis-Kirche vor dem War-

Am 13. April 1887 berichtete die *Vossische Zeitung* über die Ermittlungen in der Mordsache Max Kreiß

abschieden. Sie lassen ihr Hündchen bei ihm. Eine Weile später kommen Kreiß' einzige Nachbarn heim. Ruhe kehrt ein im Haus.

Günzel plant zu warten, bis Kreiß schläft, um dann bei ihm einzubrechen. Doch braucht er das gar nicht. Kreiß isst zu Abend, trinkt ein Bier und amüsiert sich über die Witze einer Satirezeitschrift. Gegen zehn Uhr fällt ihm ein, dass der Hund noch an die Luft muss. Er verlässt mit dem

Kleinen die Wohnung, nur kurz. Die Tür lässt er für den Moment offen. *Die* Gelegenheit für Günzel! Er wechselt sein Versteck. Vorsichtig die Treppe hinunter, durch Kreiß' offenstehende Tür in den dunklen Musterraum. Kreiß kehrt mit dem Hündchen zurück ins Wohnzimmer. Da! Ein Geräusch. Er geht nachsehen, Günzel schleicht aus dem Versteck um die Ecke und schlägt ihn nieder. Kreiß stöhnt. Günzel schlägt noch einmal zu und erwürgt ihn mit dem Seil. Er nimmt sich den Schlüssel zum Geldschrank, leert und schließt ihn wieder, und auch Kreiß' Taschenuhr vergisst er nicht. Unbemerkt vom Portier geht er heim, als habe er nichts verbrochen.

Nichts verbrochen! Das meinte auch Günzels Verteidiger, Rechtsanwalt Wronker. Indizien, nichts als Indizien! Wo waren die Beweise, das Geständnis, die Tatwaffe, etwaige

Kopfbau des alten, 1877 bis 1881 errichteten Kriminalgerichts und Untersuchungsgefängnisses in Moabit, Federzeichnung, um 1882

Vorstrafen? Nichts von alledem! Am 25. Mai 1887, dem letzten der fünf stark besuchten Verhandlungstage im Kriminalgericht (Alt-Moabit, Ecke Rathenower Straße, 1953 abgerissen) hielt Wronker seinen Schlussvortrag – drei Stunden lang. Er beantragte Freispruch. Zuvor hatte Staatsanwalt Gustav Otto auf lebenslangen Freiheitsentzug plädiert. Die Entscheidung lag nun bei den vierzehn Geschworenen. Ihr Obmann, Maurermeister Stargardt, übergab das Votum: Raub mit Todesfolge nach Paragraf 251 StGB. Ergo das Urteil, das der Vorsitzende Richter, Landgerichtsdirektor Gustav Wilhelm Krause, verkündete: lebenslänglich Zuchthaus und Verlust der Ehrenrechte. Und so beendete die *Vossische Zeitung* mit der nächsten Morgenausgabe ihre fünftägige Reportage: „Mit welcher Spannung der Spruch der Geschworenen erwartet wurde, zeigte die kolossale Menschenmenge, welche den Schwurgerichtssaal füllte und auch noch vor dem Kriminalgerichtsgebäude Posto gefaßt hatte. In einer langen Reihe war eine große Anzahl von Droschken erster Klasse aufgefahren, die im Nu gefüllt waren und in vollem Galopp der Stadt zufuhren, und deren Insassen das Resultat des Prozesses bald weithin verbreiteten."

Von Ort zu Ort

Erich Ludendorff

Im nationalen Pathos der frühen Weltkriegsjahre nannten die Deutschen sie „Dioskuren", Rossebändiger, und wem dies nicht kolossal genug war, „Giganten im Titanenkampf": Paul von Hindenburg (1847–1934) und Erich Ludendorff (1865–1937), die zwei in der Obersten Heeresleitung. Der Adlige trug die Uniform des Generalfeldmarschalls, der Bürgerliche „nur" die des Ersten Generalquartiermeisters, doch welch eine Karriere hatte der Kaufmannssohn aus der Provinz Posen hingelegt. Zu Kriegsbeginn Kommandeur einer Straßburger Brigade, gelang ihm und seinen Männern im Handstreich die Einnahme der Festung Lüttich, und ab August 1916 stand er neben Kaiser und Generalfeldmarschall im Großen Hauptquartier.

Ludendorff ein Dioskur? Anfangs durchaus. Russlands Rosse (und Soldaten) bändigte er als maßgeblicher Stratege in Ostpreußen bei Tannenberg und an den Masurischen Seen und vertrieb die Armeen des Zaren nachhaltig aus dem Deutschen Reich. Der Geländegewinn im Westen war dagegen gering, und er kostete viel Blut, doch auf deutschem Boden fand der Krieg auch hier fast nirgendwo statt.

Zwei Jahre lang übte Ludendorff eine Art Militärdiktatur aus, die im Hauptquartier der zurückhaltende Hindenburg und der verzweifelnde Wilhelm II. und in Berlin die Reichskanzler tolerierten. Den Sieg fest im Blick, sollten möglichst alle Bereiche des Lebens den Erfordernissen der Armee Genüge tun. Es wurde gearbeitet, gehungert, getrauert und an der Spanischen Grippe gestorben. Als dann aber statt Pferden Tanks die Front durchbrachen und in ihrem Schutz Franzosen, Briten und Amerikaner, da waren die Rossebändiger am Ende. Am 29. September 1918 schlug Ludendorff vor, dass die Reichsregierung Waffenstillstandsgespräche mit den USA aufnehme. Die Forderungen aus Washington kamen jedoch einer Kapitulation gleich, und die lehnte Luden-

Erich Ludendorff als Chef des Stabes der dritten Obersten Heeresleitung (OHL) im Ersten Weltkrieg

dorff kategorisch ab. Seine Durchhalteparolen aber waren sinnlos, darin waren sich der neue Reichskanzler Max von Baden und sein Vetter, der Kaiser, einig. Er nötigte Ludendorff zum Rücktritt. Am 26. Oktober nahm der General ihn im Schloss Bellevue an. In Spa verabschiedete er sich vom Großen Hauptquartier, dann kehrte er nach Berlin zurück – und musste sich verstecken.

Denn Ludendorff galt als Buhmann der Nation. Reichsministerpräsident Philipp Scheidemann nannte ihn im Februar 1919 in seiner Weimarer Regierungserklärung den „Hazardeur des Weltkrieges“, der vor dem Reichstag das „Geständ-

Margarethe Ludendorff, Dezember 1915

nis seines Bankerotts“ abgelegt habe. Margarethe Ludendorff (1875–1936) empfand die Gefahr, in der ihr Mann schwebte, hautnah: „Es gab für sein Haupt kein schützendes Dach in Deutschland, er war seines Lebens nicht mehr sicher.“

Das Ehepaar besaß in Berlin keine eigene Wohnung. Margarethe und ihr Mann wohnten in der Kurfürstenstraße 112 – wenn er in Berlin weilte. Das Eckhaus gehörte Emma Tscheuchner, das „Fräulein“ betrieb darin eine Pension hauptsächlich für Offiziersfamilien. Eine Suite hatte Ludendorff gemietet – nun sein Zufluchtsort. „Ludendorff hatte von seiner Entlassung bis zum Ausbruch der Revolution schwere Zeiten“, schreibt Margarethe. „Er saß Tag um Tag niedergedrückt und in verzweiflungsvoll grübelndes Schweigen versunken an seinem Schreibtisch. Ich stellte meine eigenen Empfindungen in den Hintergrund und ließ nichts unversucht, den General zu trösten und ihm eine gute

Kameradin zu sein. Ich war mit Stolz die Frau des umjubelten Helden gewesen, also mußte ich auch die Anfeindungen und Beschimpfungen, die auf ihn hereinbrachen, mit durchmachen."

Die Ludendorffs hatten einen großen Freundeskreis. Zu ihnen gehörten der Bildhauer und Maler Ludwig Manzel und seine Frau Alice. Sie wussten von einer Villa in Pankow. Margarethe besichtigte sie und fand sie als neue Bleibe ungeeignet, es gab kein Telefon. Die Rückfahrt in das revolutionär wogende Berlin war gefährlich. Ein Matrose begleitete die elegante Dame galant im Automobil bis zur Kurfürstenstraße. Erst beim Aussteigen erfuhr Margarethe das Fürchterliche: Der nette junge Mann war Kommunist.

Frau Tscheuchner bat um des Friedens in ihrer Pension willen Erich Ludendorff auszuziehen, und er kam ihrem Wunsche nach. Sie brachte ihn in ihre Privatwohnung am Kurfürstendamm 259 (heute: Budapester Straße 11). Von dort begab er sich zum Bahnhof Savignyplatz und bestieg den Zug nach Potsdam zu seinem jüngeren Bruder Hans, dem späteren langjährigen Direktor des dortigen Astrophysikalischen Instituts (heute: Leibniz-Institut für Astrophysik). Ein Kollege von Hans nahm den General auf. Am 10. November erhielt er Besuch von seinem früheren Adjutanten, dem Hauptmann im Generalstab Wilhelm Breucker. Dieser traf Ludendorff in depressiver Stimmung an. Breucker bot seinem alten Chef an, ihn bei sich in der Wilmersdorfer Güntzelstraße 66 zu verstecken. Tags darauf zog Ludendorff zu ihm. Gardeschützen bewachten das Haus. Aber auch hier blieb er nicht lange, genau fünf Tage. Am 12. November kam der beim Dänischen Roten Kreuz für internierte deutsche Soldaten tätige Hauptmann Adolf Fischer zu Besuch. Er schlug Ludendorff vor, ihn auf seiner Rückreise nach Kopenhagen mitzunehmen und so ins Ausland zu bringen. Margarethe war dagegen. Exil zu suchen sei seiner nicht würdig. Mit Wissen der provisorischen Reichsregierung und des Auswärtigen Amtes und mit einem finnischen Diplomatenpass, ausgestellt auf „Ernst Lindström"

Während der Revolutionstage im November 1918 und im Februar 1919 fanden Ludendorffs Unterschlupf in der Wohnung von Wilhelm Breucker in der Güntzelstraße 66, Berlin-Wilmersdorf, Foto aus den 1920er-Jahren

(man achte auf die Initialen!), verließ Erich Ludendorff ohne Bart, aber mit blauer Brille Breuckers Wohnung. In Fischers Begleitung fuhr er am 15. November vom Stettiner Bahnhof (heute: Nordbahnhof) über Warnemünde nach Kopenhagen. Dort bezog er laut Gästebuch als „Dr. phil. Ernst Larssen, Berlin" ein Zimmer im „Hotel Phoenix", damals so exklusiv wie heute. Fischer fand aber niemanden in Dänemark, der Ludendorff länger Logis bieten wollte. Die Gattin des deutschen Militärattachés, Frau von Neergard, verschaffte ihm eine Unterkunft in Schweden, auf dem Gut Hässleholmsgården, hundert Kilometer nördlich von Malmö. Am 27. November begrüßte ihn der Gutsherr Ragnar Olsen, ein berühmter Springreiter, dessen Name Ludendorff ein Begriff gewesen sein könnte. Olsen war 1913 und 1914 deutscher Meister gewesen. Die Ruhe des Gutshofes erlaubte es dem General, mit der Niederschrift seiner Kriegserinnerungen, die er im „Phoenix“ begonnen hatte, fortzufahren.

In Berlin ertrug seine Gattin derweil den Hass der anderen Pensionsgäste. Sie veranlassten Frau Tscheuchner, nun auch Margarethe Ludendorff die Tür zu weisen. Mit Rudolf, ihrem Burschen, fand sie temporär eine Bleibe bei Freunden, dann musste sie ihn entlassen und reiste, wie ihr Mann von Hauptmann Fischer eskortiert, am 22. Dezember über Saßnitz nach Hässleholmsgården. Anfang Februar zog es Margarethe, erschreckt von den Protesten schwedischer Sozialdemokraten, gesundheitlicher Gründe wegen und aus Sehnsucht nach ihrer Familie zurück nach Berlin. Von ihren fünf Kindern aus erster Ehe (Erich Ludendorff hatte keine Nachkommen) waren zwei Söhne gefallen. Sie fand ein Zimmer erst in Charlottenburg in der Kantstraße, dann bei den Ordensschwestern vom heiligen Märtyrer Georg zu Thuine im Franziskus-Krankenhaus. Wenige Wochen später kam ihr Gatte nach. Breucker versteckte ihn wieder bei sich in der Güntzelstraße. Dann trug er sich mit Margarethe im „Hotel Adlon“ ein, bis sie ein befreundeter Rittmeister, Karl von Fischer-Treuenfeld, in das renommierte Haus seiner verwitweten Schwiegermutter, der Kunstsammlerin Maria Luisa Newman in der Viktoriastraße 26 (heute: etwa Potsdamer, Ecke Sigismundstraße), vermittelte. Treuenfeld, einst Ludendorffs Stabsoffizier im Großen Hauptquartier, stand seinem alten Chef auch weiterhin zur Seite, bei beiden Putschversuchen, an denen dieser teilnahm, mit Wolfgang Kapp 1920 in Berlin und 1923 mit Adolf Hitler in München. Ludendorffs dortige Villa auf der Prinz-Ludwigs-Höhe diente längst nicht mehr als Versteck, sondern als Treffpunkt der Nationalsozialisten. Aber das ist bereits eine andere Geschichte.

Im Speisezimmer

Karl Liebknecht und Rosa Luxemburg

„Das Haus Mannheimer Straße 43 liegt weit draußen an der Grenze zwischen Wilmersdorf und Schmargendorf. Die Aussicht geht auf freies Feld und Laubenkolonien, so daß ein Entkommen aus dieser Gegend besonders bei Anbruch der Dunkelheit ohne Schwierigkeiten hätte vor sich gehen können. Die von jedem Verkehr abgelegene Straße scheint auch besonders für den Versteck eines Gesuchten geeignet zu sein." So steht es am 17. Januar 1919 in der *Berliner Morgenpost*. Ein Reporter hatte sich umgehend aufgemacht nach Wilmersdorf, in die reiche, gut- bis großbürgerliche Nachbarstadt Berlins, die zwei Tage zuvor Schlagzeilen gemacht hatte. Karl Liebknecht und Rosa Luxemburg hatte man aufgespürt, die dringend gesuchten charismatischen Spitzen der gerade erst gegründeten Kommunistischen Partei Deutschlands.

Erinnerungssplitter: Der große Krieg war verloren. Einige hatten gut daran verdient, die Mehrheit aber Hunger und Trauer ertragen. Nun rumorte es in der Arbeiterschaft. Die linke Sozialdemokratie, der Spartakusbund, scharte sich um den Rechtsanwalt Dr. Karl Liebknecht. Im Reichstag war er der Erste gewesen, der – anders als seine SPD-Genossen – gegen den Krieg stimmte. Zwei Jahre verbrachte er im Gefängnis. Etwa gleich lange saß zur „Abwendung einer Gefahr für die Sicherheit des Reichs" die Schriftstellerin Dr. Rosa Luxemburg ein. Doch meldete sie sich aus ihrer Zelle heraus erstaunlich laut zu Wort. Und als beide im Herbst 1918 freikamen, stellten sie sich an die Spitze derer, die nach dem Vorbild Russlands eine sozialistische Republik erstrebten. Liebknecht proklamierte sie sogar. Sie musste aber erstritten werden in Berlins Straßen des Januar 1919. Die Truppen der Reichswehr obsiegten jedoch. Sie und rechte Kreise der SPD um den Volksbeauftragten für Verteidigung

Arbeiter, Bürger!

Das Vaterland ist dem Untergang nahe.

Rettet es!

Es wird nicht bedroht von außen, sondern von innen:

Von der Spartakusgruppe.

Schlagt ihre Führer tot!

Tötet Liebknecht!

Dann werdet ihr Frieden, Arbeit und Brot haben!

Die Frontsoldaten

Flugblatt vom Dezember 1918/Januar 1919

Gustav Noske trachteten den revolutionären Sozialisten nach dem Leben.

Noske ließ Post und Telefon von Liebknecht überwachen, der sich nicht mehr zu seiner Familie in die Steglitzer Bismarckstraße 75 wagte. Ebenso wenig traute sich Luxemburg noch in ihre Wohnung bei Liebknechts um die Ecke in der Cranachstraße 58 oder nach Neukölln in die Schwarzastraße 9 zu ihrem ehemaligen Lebensgefährten Leo Jogiches. Karl und Rosa tauchten unter am Halleschen Tor, dann bei Richard Nowakowski, einem linken Sozialdemokraten, in der Neuköllner Weisestraße 6. Dort besuchte sie sofort Mathilde Jacob, Rosas enge Freundin, und riet schleunigst zu einem anderen Versteck.

In Betracht kam die Mannheimer Straße 43 (heute 27). Dort, in der ersten Etage wohnte in einer Fünfzimmerwohnung eine andere Freundin von Rosa, die Kinderärztin Wanda Marcusson, 58 Jahre alt, mit ihrem vier Jahre jüngeren Gatten Siegfried, Kaufmann, Kunstbeirat der Freien

Volksbühne, Mitglied des Wilmersdorfer Arbeiter- und Soldatenrats, und dem 18-jährigen Sohn Erwin. Sie hatten Telefon. Es gab kein Zögern. Am 14. Januar abends schmuggelten sich die zwei Gesuchten an den Straßenkontrollen der Soldaten vorbei in ihre neue Unterkunft. Liebknecht setzte sich sofort an einen Artikel für *Die Rote Fahne*, der noch am nächsten Tag erschien – einem Vermächtnis gleich: „Unser Schiff zieht seinen geraden Kurs fest und stolz dahin bis zum Ziel. Und ob wir dann noch leben werden, wenn es erreicht wird – leben wird unser Programm: es wird die Welt der erlösten Menschheit beherrschen. Trotz alledem!“

Ortswechsel: Allmorgendlich tauchte vor der Wohnung der Liebknechts der Genosse Otto Franke auf, um Karls Frau Sophie zu signalisieren: „Alles in Ordnung.“ Am 16. Januar blieb er aus, erinnerte sie sich. „Von Angst und Unruhe um meinen Mann getrieben ging ich (wohl zwischen 11 und 12 Uhr vormittags) auf die Straße, ich wollte versuchen, vielleicht bei Mathilde Jacob oder sonst jemandem zu erfahren, wo mein Mann und Rosa die letzte Nacht untergekommen waren; da brachte mir, laut grinsend, der Zeitungsverkäufer die Zeitung vorbei. Ich ging nach Hause. Etwas später […] war die ganze Wohnung zum Sammelpunkt unserer Freunde und Bekannten geworden.“ Was war geschehen?

Spät am Abend des 14. Januar hatte Liebknecht mit Erwin Marcusson einen Spaziergang unternommen. War er erkannt worden? Hatte die Polizei Hinweise erhalten, dass sich bei Marcussons Kommunisten treffen wollten? Gab Paul Schöpfer am Tresen der Eckkneipe im Nachbarhaus Berliner Straße 122 seinen Gästen von der Kriminalpolizei Auskunft? Mutmaßungen.

Wie auch immer, am 15. Januar gegen neun Uhr abends erzwangen fünf Bewaffnete Einlass in Marcussons Wohnung, ein Rechtsbruch gegen Artikel 6 der Preußischen Verfassung. Denn zur Haussuchung waren sie nicht befugt – auch mit der Armbinde der Wilmersdorfer Bürgerwehr nicht. Diese Einwohnermiliz hatte sich fünf Tage zuvor in der Cecilien-

Wilmersdorfer Bürgerwehr vor dem Haus Mannheimer Straße 43, in dem zuvor Rosa Luxemburg und Karl Liebknecht verhaftet wurden, 15. Januar 1919

schule am Nikolsburger Platz formiert. Sie unterstand der Garde-Kavallerie-Schützen-Division, die ihr Hauptquartier im noblen „Eden-Hotel" am Kurfürstendamm 246/247 (heute Budapester Straße 35) hatte. Ein Hauptmann, Waldemar Pabst, kommandierte sie kommissarisch.

Bruno Lindner, Kaufmann aus der Wilmersdorfer Mainzer Straße 7, und der Gastwirt Wilhelm Moering drangen als Erste in Marcussons Wohnung ein. Im Speisezimmer fiel ihnen ein Mann auf, der sich suspekt verhielt. Er gab sich als Verwandter des Hausherrn aus. Lindner und Moering brachten den Verdächtigen in die Cecilienschule. Das Monogramm im Jackett „K L" verriet ihn. Man ließ sich im

Fernsprechamt mit der Reichskanzlei verbinden und wartete etwa eine halbe Stunde auf Anweisungen, was mit dem Verhafteten zu geschehen sei. Sie erhielten keine, also fort mit ihm zum „Eden-Hotel".

Unterdes fiel den am Ort des Verstecks zurückgebliebenen Männern von der Bürgerwehr im Nebenzimmer ein weiteres verdächtiges Subjekt auf, eine Frau, die mit Kopfschmerzen im Bett lag. Sie befahlen ihr aufzustehen. Beim Ankleiden beschädigte sie ihr Kleid, lieh sich von ihrer Freundin ein Paar Wollsocken und machte sich fertig zum Abtransport. Da klingelte es an der Tür. Ein Wachtmann öffnete. Überrascht trat der Gast ein. Er sollte den Versteckten eigentlich falsche Papiere bringen. Auch er wurde verhaftet. Gegen 22 Uhr kamen Lindner und Moering in die Mannheimer Straße zurück. Sie hatten Liebknecht abgeliefert. Nun brachten sie die beiden neu Verhafteten direkt ins „Eden-Hotel".

Waldemar Pabst vernahm in seinem requirierten Hotelzimmer nach Liebknecht auch die zwei Neuen (Sind Sie Fräulein Luxemburg? – Nein! – Wer dann? – *Frau* Luxemburg), und Rosa fand noch Gelegenheit, ihr Kleid zu flicken. Wenig später waren sie und Liebknecht tot, mit Gewehren niedergeschlagen, er im Tiergarten hinterrücks ermordet, sie im Automobil auf dem Kurfürstendamm. Der Dritte konnte fliehen. Egal. Pabst kannte ihn nicht: Wer war Wilhelm Pieck?

Die Marcussons zogen im nächsten Jahr in ein Doppelhaus in der Hanauer Straße 34, und Siegfried wurde zum Wilmersdorfer Stadtverordneten gewählt. Wanda starb im Oktober 1931, Siegfried Ende Mai 1933. Ihr Sohn Erwin, aus der „Schutzhaft" entlassener Internist, heiratete 1934 Hildegard Zehden, Medizinstudentin, als jüdische Kommunistin von der Berliner Universität relegiert. Ihr Vater, ein bekannter Arzt, wurde in Theresienstadt ermordet, ihre Mutter in Auschwitz. Das junge Paar überlebte die NS-Zeit in der Emigration. Es überlebte auch, dank Sophie Liebknechts Fürsprache, Stalins „Säuberungen" und kehrte 1947 aus Kasachstan nach Deutschland zurück in die Sowjetische

Grabstein der Familie Marcusson auf dem Zentralfriedhof Berlin-Friedrichsfelde, 2023

Besatzungszone. Erwin brachte es in der DDR bis zum stellvertretenden Gesundheitsminister und starb 1976. Hildegard habilitierte sich und wurde für ihre Arbeit in der Mütterberatung und Schulhygiene hochgeehrt. Sie starb 1992. Seit 2006 trägt eine Straße in Rummelsburg ihren Namen.

Begraben sind beide nicht weit von Liebknecht, Luxemburg und Pieck auf dem Zentralfriedhof Friedrichsfelde, jedes Jahr am zweiten Januarsonntag Ziel tausender Menschen, die mit roten Nelken ihr Bekenntnis zum Sozialismus ablegen. In der Mannheimer Straße 27 gibt es seit Januar 1990 eine Gedenktafel. Das Bezirksamt Wilmersdorf musste sie in den Bürgersteig legen lassen. Die Hauseigentümer gaben ihre Fassade für solcherlei Gedenken nicht her.

An prominenter Ecke

Willy Brandt

Unehelich auf die Welt gekommen, der Vater abgehauen, die Mutter, Martha Frahm, selbst unehelich, bei der Geburt ihres Sohnes neunzehn Jahre, für sich und ihr Kind im Alltagskampf als Verkäuferin und Putzfrau unterwegs, der Kleine bei Nachbarn in Obhut. Schlechter Start für einen Erdenbürger des Jahrgangs 1913. Wäre da nicht dieser mecklenburgische Stiefgroßvater gewesen, Ludwig Frahm, Gutsarbeiter, untersetzt, des Hochdeutschen nicht mächtig, aber einer, der seines niederen Standes ungeachtet einiges erreicht hatte – und stolz darauf war. „Ein sehr einfacher, aber ganz echter, großartiger Mensch", rühmte ihn sein Enkel später einmal. Im Jahr 1907 mit der Stieftochter weg vom gräflichen Gut bei Klütz in die Freie Stadt, die Hansestadt Lübeck, wo er als angelernter Arbeiter, dann als Lastkraftwagenfahrer ein humaneres Auskommen fand. Vertrauensmann der Sozialdemokraten im Stadtteil Holstentor-Süd, 1929 Bezieher einer Neubauwohnung mit Bad und sogar einer Dachkammer für den Enkel, Vorbild für den Jungen, als „Papa", als Sozialist, als Vorwärtsstrebender, als einer, der ihm ein Sparbuch anlegte und das Gymnasium bezahlte. Herbert hieß der junge Spross, Herbert Ernst Frahm. Am 11. Dezember 1971, genau eine Woche vor seinem 58. Geburtstag, erhielt er – Willy Brandt – den Friedensnobelpreis in Oslo.

Norwegens Hauptstadt, ein besonderer Ort für den Geehrten. Natürlich erinnerte er sich an den Apriltag 1933, als er dort nach einer Fahrt durch Belte und Sund von Bord ging unter dem Decknamen, der ihn berühmt machte, den Faschisten entwischt, von seiner Sozialistischen Arbeiterpartei (SAP) beauftragt, einen Auslandsstützpunkt zu schaffen, in seiner Tasche hundert Reichsmark, die ihm sein Großvater vom Sparbuch abgehoben hatte. Oslo, das war ein wichtiger Ort für Brandt, ehe er 1940 nach Stockholm floh. In Oslo

Willy Brandt, 1934

lebte er glücklich mit seiner Lübecker Freundin und Genossin Gertrud Meyer zusammen, hier heiratete er seine erste Frau Carlota, hier wurde seine Tochter Ninja geboren, hier verliebte er sich in seine zweite Frau Rut und hier beantragte der ausgebürgerte Deutsche die norwegische Staatsbürgerschaft, die er bis 1948 genoss.

In seiner Osloer Dankesrede erwähnte Brandt auch seine Zeit, die er „als 22-Jähriger ‚illegal' in Berlin" verbrachte, ein Vierteljahr verdeckter Identität, von Ende September bis Ende Dezember 1936. Der Pariser Exilvorstand seiner im Deutschen Reich verbotenen linken Splitterpartei hatte Brandt gebeten, sich nach „Metro" zu wagen. „Metro", das hieß Berlin. Es ging darum, Kontakt zu halten zu den nach einschneidenden Verhaftungen führerlos gewordenen noch etwa 300 im Untergrund Widerstand leistenden SAP-Genossen. Erstens, sie über die Politik und Pläne der Auslandszentrale zu informieren. Zweitens, Verbindungen zwischen den Parteizellen in der Reichshauptstadt zu knüpfen. Und drittens, als Beitrag zu einer „Wahrheitsoffensive" Informationen der SAP-Kader über den NS-Staat ins Ausland zu vermitteln. Eine hochgefährliche Mission. Jawohl, in die Höhle des Löwen wollte Brandt sich wagen, aber in eine Löwengrube? Er war nicht Daniel, sondern ein marxistischer Journalist im Exil, ein Name auf der Fahndungsliste der Gestapo. Äußerste Vorsicht war geboten.

Den Grenzbeamten in Gedser und Warnemünde wies sich Herbert Frahm nicht als Willy Brandt aus, sondern als Gunnar Gaasland. Sein Pass war gefälscht, der Name nicht. Diesen Gunnar Gaasland gab es leibhaftig, und der hatte nichts gegen seinen deutsch-norwegischen Doppelgänger einzuwenden. Gunnar war bereits mit dessen Freundin Gertrud Meyer eine Schein-Ehe eingegangen, um sie zu einer echten Norwegerin zu machen, und half nun, ihren Geliebten in einen unechten Norweger zu verwandeln. In Berlin angekommen, spielte Brandt den Studenten, der Forschungen zur deutschen Geschichte trieb. Zwei seiner ersten Wege führten ihn daher in die Universitäts- und die Preußische Staatsbibliothek (heute: Staatsbibliothek zu Berlin – Preußischer Kulturbesitz), um Leseausweise zu beantragen. Brandt hatte in den drei Osloer Jahren gut Norwegisch gelernt. Genauso gut konnte er, der Tarnung wegen, mit norwegischem Akzent Deutsch radebrechen. In den Lesesälen verbrachte er die Vormittage mit stiller Zeitungslektüre. Ebenso unauffällig lebte er. „Es gab keinen gesellschaftlichen Umgang, keinen Flirt, keinen Alkohol, von einem Glas Bier zum Essen abgesehen." Er wohnte an einer der besten Ecken Berlins. Paula Hamel hieß seine Wirtin, Sekretärin von Beruf, eine, so Brandt, „liebenswürdige" Dame „in mittleren Jahren", die „nicht gut auf die Nazis zu sprechen" war. Sie

Konditorei und Restaurant Kranzler am Kurfürstendamm, um 1935. Im Haus am Ende des Cafés wohnte Willy Brandt

vermietete in ihrer Wohnung am Kurfürstendamm 20/21 ein Zimmer mit Frühstück. Auch Abendbrot gab es manchmal. Am Nachbarhaus, Ecke Joachimstaler Straße, hing die Tafel „Konditorei und Restaurant Kranzler". In der Nachfolge des „Cafés des Westens", des legendären „Café Größenwahn" der Berliner Bohème, hatte der bekannte Konditor 1932 hier sein zweites Geschäft eröffnet. Brandt berichtet nicht, dass er dort gespeist hätte. Sein monatliches „Stipendium" war zu dürftig dafür. Er sparte es, um in die Philharmonie zu gehen. Wilhelm Furtwängler, den Chefdirigenten, sollte er in seiner Berliner Zeit nach dem Krieg persönlich kennenlernen.

Wichtiger aber war, Sinn seiner verdeckten Mission in der Olympiastadt, mit SAP-Genossen Kontakt aufzunehmen. Ihnen stellte er sich nicht als Herbert, Willy oder Gunnar vor, sondern als „Martin". Der Pariser Exilvorstand der SAP dirigierte sie – meist einzeln – zu sorgfältig ausgesuchten Plätzen, in ein Café, einen Buchladen, ein öffentliches Gebäude oder einen Bahnhof. In kleinen Gruppen, maximal zu fünft, traf man sich im Wald. Häufig verabredete sich Brandt mit dem gleichaltrigen Köpenicker Schlosser Fritz Benke – mal vor dem Kino „Kamera" Unter den Linden 51–53, mal im Tegeler Forst. Benke gab heimlich das Parteiblatt *Banner des revolutionären Marxismus* heraus und ermöglichte mehr als sechzig Menschen die Flucht. Der tapfere Mann wurde nie gefasst.

Verbindung zur Pariser Zentrale hielt Brandt via Gertrud mit Briefen auf Norwegisch. Das Wichtige schrieb er zwischen den Zeilen camoufliert in Geheimtinte, die er in seinem Rasierzeug versteckt hielt. Sie sandte ihm herzliche Grüße („Hjertelig hilsen") auf Osloer Ansichtskarten. Am Ende war sie es auch, die in Paris darum bat, ihren gefährdeten Gefährten aus Berlin zurückzurufen. „Ich glaube sogar, es wäre gut, dass er so schnell wie möglich raus kommt, da er in letzter Zeit sehr unvorsichtig wird", schrieb sie am 26. November. Kurz vor Weihnachten hatte sie ihn wieder.

Brandts Berliner Vermieterin rechnete fest damit, dass er zurückkommt. Sie schrieb ihm einmal nach Oslo; da weilte er gerade als Kriegsberichterstatter in Spanien. Sie sahen sich nicht mehr. Fritz Benke hat Brandt nach dem Krieg wiedergetroffen, als der nach Berlin zurückgekehrt und Regierender Bürgermeister geworden war. Gertrud Gaasland, die für den Psychoanalytiker Wilhelm Reich arbeitete, begleitete diesen 1939 nach New York, doch überwarfen sie sich. Reich entließ sie 1941. Sie löste die Ehe von Gunnar und heiratete 1947 neu. Zu Willy Brandt verlor sie den Kontakt. Zu seiner Nobelpreisfreier lud er eine Reihe alter SAP-Kämpfer ein, Gertrud nicht. Sie beklagte sich bei ihm. Eine Zeit lang schrieben sie sich daraufhin wieder. Ihren letzten, besorgten Brief vom 7. Juli 1992 konnte der Geliebte ihrer Jugend nicht mehr eigenhändig beantworten. Seine Krebserkrankung verbot es ihm. Am 8. Oktober starb Willy Brandt, zehn Jahre nach ihm Gertrud – in Oslo.

In der Wohnung des SS-Mannes

Walter Seitz/Widerstandsgruppe „Onkel Emil"

Walter Seitz war ein beliebter Arzt. Seinem Habitus und seinem Dialekt merkte man den Bayern an. In München 1905 geboren, hatte er dort studiert, aber auch in Heidelberg, Frankfurt und Berlin Semester verbracht. Zum 1. April 1933 erhielt er eine Assistenzstelle an der Charité. Kurz bevor die Nürnberger Gesetze es untersagten, heiratete er 1935 eine jüdische Kollegin. Harmonisch verlief die Ehe nicht, aber sich scheiden zu lassen kam nicht infrage. Die Geschiedene hätte die „Privilegien" der „Mischehe" mit dem „Arier" verloren. Ihre Schwiegereltern in Bayern boten ihr eine Bleibe.

Im August 1944 wurde Seitz eingezogen. Man brauchte den Arzt an der Ostfront. Dort war die „Panther-Stellung" im Bau, der Wall gegen die vorrückende Rote Armee. Seitz' Tätigkeit sollte vor allem darin bestehen, erkrankten Zwangsarbeitern und -arbeiterinnen Arbeitsfähigkeit zu attestieren. Er aber hielt es mit seinem alten Kollegen Hippokrates, Kranke zu „bewahren vor Schaden und willkürlichem Unrecht". Wer krank war, war krank. Die Gestapo merkte, der Mann war nicht zu gebrauchen. Der Mann tauchte unter. Bei seinen Freunden in Berlin tauchte er auf, als holländischer Binnenschiffer mit falschem Pass und echten Lebensmittelmarken. Ein Freund konnte ihm als Unterschlupf das Zimmer einer evakuierten Frau im Parterre der Kufsteiner Straße 9 in Schöneberg vermitteln. Im Haus genoss Walter Respekt, denn das Zimmer gehörte zur Wohnung eines SS-Untersturmführers (der im selben Jahr an der Front fiel). Für seine Freunde aber war Walter Seitz „Onkel Emil" – und die Kufsteiner Straße eine wichtige Adresse.

Wichtiger noch war eine Wohnung im zweiten Stock des Hünensteig 6 in Steglitz, Treffpunkt einer Gruppe, die auf ihre Art meist unauffällig, aber wirkungsvoll Widerstand gegen das Terrorregime leistete. Dort, in einer Neubausied-

Kufsteiner Straße 9 in Berlin-Schöneberg, 2022

lung am Friedhof Steglitz, lebte Ruth Andreas-Friedrich mit Karin, ihrer Tochter aus geschiedener Ehe, und direkt über ihnen wohnte Ruths Liebhaber Leo Borchard. Sie schrieb für das Blatt *Die junge Dame*, später umgetitelt in *Kamerad Frau*, dessen Chefredakteurin sie 1943 wurde. Leo, von Geburt Moskauer, war – hinter Wilhelm Furtwängler und in Konkurrenz zu Herbert von Karajan – zweiter Dirigent des Berliner Philharmonischen Orchesters. Ruth führte vorsichtig Tagebuch und veröffentlichte die Aufzeichnungen der Jahre 1938 bis 1945 zwei Jahre nach Kriegsende. Sie dokumentieren den Widerstand einer illustren Schar von etwa zwanzig Personen, bis zur Waghalsigkeit hilfsbereit, wenn Menschen unter nationalsozialistischer Drangsal litten. „Clique" nannte sich der geheime Kreis, „Ringverein" oder „Gruppe Onkel Emil".

Ruth, national gesonnen, legte das Credo ihrer gefährlichen Mission in ihrem Tagebuch Freya von Moltke, der Witwe des Widerstandskämpfers, in den Mund: „die Arche über die Flut retten und das Gold durch die Wüste". Flut

Hünensteig 6 in Berlin-Steglitz. Neben der Haustür erinnert eine Berliner Gedenktafel an Ruth Andreas Friedrich, Leo Borchard und die Widerstandsgruppe „Onkel Emil", 2022

und Wüste, klar: die widrigen und widerlichen Unbilden der Barbarei in Deutschland. Was Noahs Arche geladen hatte, welches Gut die Weisen bildlich durch die Wüste nach Bethlehem brachten, auch das wusste Freya: „Die köstlichsten Schätze ihres Volkes. Den Zauber der Gotik und den Reichtum Hölderlins, Bach und Mozart, Dürer und Goethe. Es ist eine Gnade, den Funken tragen zu dürfen. Es ist eine heilige Pflicht. Wir wollen uns verpflichtet fühlen. Einmal – am Ende der Wüste – wartet auch auf uns – – das Kind."

Ruth Andreas Friedrich,
um 1940

Dann wird die Welt sehen, dass es in Deutschlands finsterster Zeit Menschen gab, die Kultur und Humanität hochhielten, sodass hernach – mit Brecht zu singen – „ein gutes Deutschland blühe wie ein andres gutes Land".

„Onkel Emil" alias Walter Seitz, der Gefängnispfarrer Harald Poelchau, der Jurist Hans Peters, die Kontoristin Dagmar Meyerowitz, der Pharmakologe Fritz von Bergmann, das Konditorenpaar Walter und Charlotte Reimann, die Zwangsarbeiterin Ursula Reuber, der sozialistische Vorarbeiter Curt Weckmann: Ob all diese anderen „Onkel-Emil"-Mitglieder Ruths Credo teilten, sei dahingestellt, allein es einte sie ein Ziel: Menschen zu helfen. Gleich

Leo Borchard, undatierte Fotografie
von Abraham Pisarek

nach dem Ende der Gewaltherrschaft stellten sie einen „Tätigkeitsbericht“ auf. Ein Auszug: „Beherbergung und Betreuung von Untergetauchten, die Beschaffung von Lebensmitteln und Lebensmittelkarten, Ausweispapieren, Fahrberechtigungsausweisen, Falschdruck von Naziausweisen und Fälschung von Nazi-Stempeln, Werksabotage, Entfernung von Nazihoheitssymbolen, Einsatz für zahlreiche politische Strafgefangene, um ihr Los zu erleichtern, Betreuung der Familienmitglieder, während der letzten Kampftage Aufspürung und Bekämpfung von Wehrwölfen“. Und nebenher gingen die Mitglieder der Clique zur Arbeit, ihr täglich Brot verdienen.

Es war die zynisch so genannte „Reichskristallnacht", die die eigentlich unpolitische Ruth Andreas-Friedrich aufgerüttelt hatte. „Nun weiß ich es also", notierte sie am 10. November 1938. „Der jüdische Krieg hat begonnen. Heute nacht um zwei Uhr. Mit einem Angriff auf der ganzen Linie. Und ausgerechnet an Schillers Geburtstag. Wenn man nur herausbekäme, wer dafür und wer dagegen ist." Sie sondierte vorsichtig, überaus vorsichtig. Die Gruppe, die sich um sie, Walter Seitz und Leo Borchard scharte, flog nie auf, weder in der Kufsteiner Straße noch am Hünensteig. Ja, Ruths und Leos Nachbarschaft in Hausnummer 6 hielt still oder machte sogar mit. Es gab ja so viel zu tun.

Lebensmittelmarken! Seit 27. August 1939, also fünf Tage vor Kriegsbeginn, wurden die ersten ausgegeben, irgendwann nicht mehr allen, und wer versteckt lebte, brauchte auch welche. Die Gruppe sammelte, druckte sie selbst oder erschlich sie sich an den Ausgabestellen, getarnt als „Ausgebombte". Kleidung! „In drei Tagen [31. März 1941] wird die erste Reichskleiderkarte ungültig. Juden besitzen keine Kleiderkarten. Wir müssen sehen, sie von unseren Punkten mitzuversorgen. Morgen [Sonnabend] ist der letzte Einkaufstag." Zeichen setzen! Am Wasserturm auf dem Steglitzer Friedhof, einem NS-Ehrenmal, kappte die Gruppe Hakenkreuzfahnen, in Steglitz und Südende pinselte sie „NEIN" an Schaufenster und Hauswände. Retten! Bis in den Volksgerichtshof und zu Heinrich Himmler reichten ihre Verbindungen, um Helmuth James Graf von Moltke, den Gastgeber des Kreisauer Kreises, vor dem Tode zu bewahren – ohne Erfolg. Sabotage! „Es geht doch nichts über eine Drahtschere", sagte Curt Weckmann, zerschnitt Fernmeldekabel von Nauen nach Berlin und goss überdies noch 500 Liter kriegswichtiges Benzin in den Gully. Verstecken – immer wieder! Zum Beispiel Josef Schunk, desertierter Luftwaffenstabsarzt. Walter Seitz nahm ihn mit zu sich in die Kufsteiner Straße und versteckte ihn in seinem Versteck. Gegen Ende des Krieges wechselten beide in den Hünensteig. Ruth beherbergte nun sieben Illegale. Zusammen feierten sie die Befreiung mit russischen Offizieren. Leo Borchard dolmetschte.

Dessen Leben endete tragisch. Als neuer Chefdirigent an Stelle des im „Dritten Reich" kompromittierten Furtwängler leitete er im „Titania-Palast" am 26. Mai 1945 das erste Nachkriegskonzert des Philharmonischen Orchesters. Am 23. August war er Abendgast des britischen Obersten Thomas Creighton. Es wurde Nacht. In seinem Auto wollte der Oberst Borchard nach Hause fahren. Um 23 Uhr passierten sie den britisch-amerikanischen Sektorenübergang Kaiserplatz (heute: Bundesplatz). Unter der S-Bahnbrücke signalisierte ein US-Soldat „Stop". Der Oberst ignorierte ihn. Er durfte ohne Halt durchfahren. Der Soldat erkannte ihn nicht. Er musste schießen – und er traf. Creighton schrie: Sie haben „einen der größten Dirigenten der Welt getötet".

Walter Seitz zog aus der Kufsteiner in die Schillerstraße 10 in Schlachtensee und begann als Amtsarzt neu. Im Jahr 1947 folgte er einem Angebot der Münchener Universitätsklinik, und Ruth folgte ihm. Nach der Scheidung von seiner ersten Frau gaben sie sich 1952 das Ja-Wort. Bestand hatte es nicht, Walter ging eine neue Beziehung ein. Im Jahr ihrer Silberhochzeit nahm sich Ruth das Leben. Walter starb zwanzig Jahre nach ihr. Ruth und ihre Tochter Karin zählt Yad Vashem zu den Gerechten unter den Völkern. Die Gruppe „Onkel Emil" traf sich nie wieder.

Hinten in der Wäscherei

Ella und Inge Deutschkron

Erst mussten sie aus ihren Sportclubs austreten, dann aus ihren Chören, dann aus dem Deutschen Roten Kreuz, dann erhielten sie keine Eintrittskarten mehr, keine Bücher, keine Zeitungen, dann mussten sie ihren Schmuck abgeben, ihre Radios und ihre Haustiere, dann durften sie nicht mehr in Badeanstalten, nicht mehr in die Schule gehen, abends nicht auf die Straße und nachmittäglich nur noch eine Stunde lang einkaufen und bei Weitem nicht mehr alles, was sie brauchten. Hitler regierte 4474 Tage, etwa 2000 Gesetze und Ver-

Ella und Inge Deutschkron, Sommer 1939

ordnungen ergingen in dieser Zeit gegen jene, die nicht zu den „Ariern“ rechneten, die am Ende nicht mehr fliehen durften und nicht einmal mehr leben, zu Millionen industriell ermordet und ihre Körper ausgeweidet in den dazu errichteten Lagern.

Inge „Sara“ Deutschkron, ein Teenager, als all dies geschah, wurde 99 Jahre alt. Sie hat über die Geschehnisse berichtet, schriftlich und mündlich, unermüdlich, immer wieder, bis in unsere Tage. Auch mit erstaunlichem Humor. Sie erzählte von Schlägern, Kontrolleuren, Kollaborateuren, bestechlichen Nazis, Beamten mit Schuldgefühlen und solchen, die plötzlich gnadenlos im Treppenhaus standen. Besonders aber berichtete sie von Menschen, die ihr und ihrer Mutter ihre Wohnungen öffneten und sie versteckten. Die Familie Gumz zum Beispiel.

Dr. Martin, Ella und Inge Deutschkron, nicht religiös, sozialdemokratisch eingestellt, waren bedroht. Dem Vater gelang es im April 1939, nach England zu entkommen. Frau und Tochter nachzuholen gelang ihm nicht. Unbezahlbar waren die Kautionen, die die britische Regierung verlangte. Ella und Inge blieben zurück in der Charlottenburger Uhlandstraße 168. Ihre Wäsche holte und lieferte per Handkarren regelmäßig Franz Gumz, der mit seiner Frau Emma eine Wäscherei in der Knesebeckstraße 17 betrieb und dahinter in der schmalen Ladenwohnung mit dem kleinen Sohn Oswald lebte. Der Ernste Bibelforscher Franz, die beherzte Emma und die überzeugten Sozialistinnen Ella und Inge Deutschkron: Ihr gemeinsamer Nenner war das Nein zur Regierung. Franz' „Besuche bei uns bei einer Tasse Kaffee wurden immer länger“. Und als es Menschen mit gelben Sternen verboten war, ihre Wäsche waschen zu lassen und auf Wochenmärkten einzukaufen, ja, da erledigte Emma Gumz dies für sie. Heimlich. Mehr noch: Als Ella und Inge in eine „Judenwohnung“ in der Bamberger Straße 22 im Bayerischen Viertel gepfercht wurden, mit neun fremden Personen, kauften Franz und Emma ihnen ihr Esszimmer ab und stell-

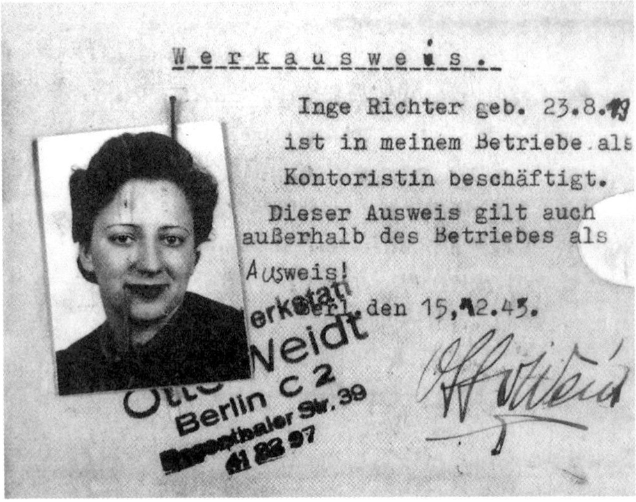

W e r k a u s w e i s .

Inge Richter geb. 23.8.[illegible]
ist in meinem Betriebe als
Kontoristin beschäftigt.
Dieser Ausweis gilt auch
außerhalb des Betriebes als
Ausweis!
Berl. den 15.12.43.

Gefälschter Werkausweis der Blindenwerkstatt Otto Weidt für Inge Deutschkron, 1943

ten es zu sich. Schon bald sollten die Deutschkrons an ihrem Esstisch wieder speisen – in ihrem ersten Versteck.

Am 18. Oktober 1941 rollten die ersten Züge mit Deportierten von Berlin in den Osten, über ein Jahr später wurde zur ernsten Gewissheit, wie ihre Endstationen aussahen. Franz Gumz erlauschte es per Kopfhörer von der BBC, ein Fronturlauber aus der Nachbarschaft flüsterte es Emma zu. Für sie stand fest: „Wir helfen Ihnen, ich verspreche es Ihnen. Mein Mann und ich haben das schon beschlossen. Sie kommen zu uns." Am 15. Januar 1943 zogen die Deutschkrons zu ihnen. Eng war es und dunkel, aber es wurde erstaunlich viel gelacht. Die Abende verbrachten die fünf oft vor dem Radio. Einmal luden sie Inges Freund Hans ein, auch er kein „Arier". An den Sonntagen gab es Karnickelbraten und selbstgekelterten Obstwein aus Gumz' Garten in Drewitz. „Was Wunder, dass wir vergnügt waren", schreibt Inge Deutschkron. Unter einem Decknamen und

Familie Gumz vor ihrer Wäscherei in der Knesebeckstraße 17 in Berlin-Charlottenburg, 1930er Jahre

mit gefälschtem Arbeitsbuch verdiente sie Geld in der Blindenwerkstatt von Otto Weidt, Rosenthaler Straße 39. Ihre Mutter versuchte, meist vergeblich, in Emmas chaotischem Haushalt von Nutzen zu sein.

Kreischten bei Dunkelheit die Luftschutzsirenen, versammelte sich die Hausgemeinschaft – bis auf die Familien im Parterre, die die Alarme meist ignorierten – im notdürftig verstärkten Keller. Auch die Gumzens. Eines Abends schreckten sie auf. Knarrende Dielen direkt über ihnen. Sie wussten, dort war ihr Hinterzimmer und dort waren die

Deutschkrons. Vorsicht war geboten. Fortan hockten sich Ella und Inge bei Luftalarm in den separaten Kohlenkeller der Wäscherei unbemerkt Wand an Wand neben die Mieter des Hauses. Vorsicht erforderte auch die braune Nachbarschaft: Hauswart, Blockwart, Luftschutzwart. Überdies hatte im Nachbarhaus eine NS-Organisation ihr Büro. Nach einigen Wochen erzählte Emma Gumz: Eine „Nachbarin hat gefragt, ob wir Besuch hätten." – „Ja, eine Kusine aus meiner pommerschen Heimat", habe sie geantwortet. Aber wie lange währt so eine Lüge? Wann kommt Verdacht auf? Würde jemand Meldung erstatten? Die beiden illegalen Untermieterinnen jedenfalls mussten sicherheitshalber wieder ausziehen, und zwar in Gumzens Drewitzer Laube. Diese war mit Torfsäcken gegen die Unbilden des Februars abgedichtet und ließ sich heizen. Aber Tag für Tag Rauch aus dem Kamin der Bretterhütte, wenn das nicht auffiel!

Nach einer Woche nahmen die Gumzens schweren Herzens Abschied von Ella und Inge. Die nächsten stillen Helfer standen schon bereit: ein Parteifreund des Vaters, Otto Ostrowski, der spätere Berliner Oberbürgermeister, und seine Lebensgefährtin Grete Sommer mit ihrer Zweizimmerwohnung in der Westfälischen Straße 64. Sicher war diese Zuflucht auf Dauer auch nicht. Noch achtmal mussten die Deutschkrons umziehen. Den 8. Mai 1945 erlebten sie in einem Potsdamer Ziegenstall. Am Ende hatten ihnen mindestens zwanzig Menschen geholfen, sie beherbergt, waren zusammengerückt, hatten sie verpflegt, transportiert, Kleidung geschenkt, falsche Papiere besorgt, ohne eigenen Vorteil, aber immer in Gefahr, entdeckt zu werden.

Franz und Emma Gumz hießen sie, sie hießen Sommer und Ostrowski, andere hießen Garn und Holländer, Rieck, Fabig und Linke. Wäre ihre besondere Art der Gastfreundschaft nicht gewesen, hätten zwei Frauen nicht durchgehalten. Als Ella Paula Richter und Inge Elisabeth Marie Richter, zwei überhaupt nicht jüdische, sondern waschechte „arische" Gubener Vertriebene ohne Papiere, erhielten sie schließlich im Durcheinander des Kriegsendes von der NS-Volkswohlfahrt eine schöne Wohnung in der Ludwigkirchstraße 6 vermittelt.

Im Sommer 1946 reisten Ella und Inge zu ihrem Mann bzw. Vater nach London. Inge trat in die SPD ein und arbeitete für die Sozialistische Internationale. Als Korrespondentin einer Tel Aviver Zeitung kehrte sie 1955 nach Deutschland zurück, um aus Bonn zu berichten. Zur Ruhe kam sie unter den alten Nazis, die zum Teil wieder fest im Sattel saßen, nicht. 1972 ging sie nach Israel und fand dort den Abstand, der es ihr ermöglichte, 1988 wieder in Berlin heimisch zu werden. Ihr Engagement als Zeitzeugin trug ihr große Anerkennung ein. Auch die Berliner Ehrenbürgerschaft. Im März 2022 starb sie.

Franz Gumz überlebte das Kriegsende um fünf Monate. Seine Witwe Emma führte mit Sohn Oswald die Wäscherei wacker weiter, am Ende aber chancenlos gegen die aufkommende Konkurrenz der Waschmaschinen in den privaten Haushalten und gegen die sprunghaft erhöhte Ladenmiete. Gerichtlich dazu verurteilt, mussten Oswald Gumz und Familie zum 1. Dezember 1981 Geschäft und Wohnung räumen. Seine Mutter war bereits im Januar gestorben. Inge Deutschkron aber hatte dafür gesorgt, dass man sie nicht vergaß: Yad Vashem ehrt Emma Gumz seit 1972 als Gerechte unter den Völkern.

Neben dem Luftschutzraum

Erich Wolff und Karl Müller

Prunkvolle evangelische Kirchen in Berlin zu bauen veranlassten die deutschen Kaiser und preußischen Könige, 38 allein zwischen 1884 und 1908. Das Bauprogramm der katholischen Diaspora war kleiner. An Glanz mangelte es auch ihren Kirchen nicht. Eine Preziose steht in der Fehrbelliner Straße in Berlin-Prenzlauer Berg: die am 25. Oktober 1898 geweihte Herz-Jesu-Kirche mit Pfarrei, Hospiz und der Theresienschule, einem Lyzeum der Schwestern Unserer Lieben Frau.

Am 21. April 1945, kurz nach ein Uhr nachts drohte dem schönen Bauwerk das Ende. Eine Zehn-Zentner-Bombe stürzte durchs Dach vor den Josephsaltar – und kippte zur Seite. Ein Blindgänger, dem Himmel sei Dank. Tausend Menschen in Keller und Krypta, im Januar 1941 zu Luftschutzräumen ertüchtigt, blieben unverschüttet. Am Leben blieben auch zwei versteckte Männer, der eine im Heizungskeller, der andere unter der Sakristei.

Erich Wolff hieß der eine – einer, den das Schicksal hart angepackt hatte. Als 16-Jährigem amputierte man ihm 1910 sein linkes Bein samt Kniegelenk. „Jesus hat mehr gelitten“, tröstete er sich. Eine Frau fand er nie. Sein Vater, Buchdrucker von Beruf, nahm ihn 1912 in die Lehre und übergab ihm den Betrieb altersbedingt. Im Jahr 1938 erzwangen die Behörden seine Schließung, denn die Familie war jüdisch. Erichs Bruder Walther starb im Juni 1942 im KZ Sachsenhausen. Er selbst überlebte.

Erich Wolff überlebte dank Margarete Sommer, der Geschäftsführerin des Hilfswerks beim Bischöflichen Ordinariat Berlin (HBOB), und ihres Helferkreises. Wolff schrieb ihr Anfang 1942, er wolle sich taufen lassen. Die Adresse war gut gewählt, denn der Katholischen Kirche gewährte das Reichskonkordat vom 20. Juli 1933 einen Aktionsraum innerhalb des NS-Staates, den andere, gleichgeschaltete Gemeinschaften nicht besaßen. Wolffs Taufe am 19. Sep-

Erich Wolff, undatiertes Foto

tember 1942 machte ihn jedoch nicht zum „Arier". Die Erste Verordnung zum Nürnberger Reichsbürgergesetz von 1935 definierte Personen als „jüdisch" nicht über ihre Religion, sondern über ihre Abstammung.

Wolff galt nach seiner Taufe als „katholischer Nichtarier". Damit gehörte er zu dem Personenkreis, den das HBOB betreute. Das Hilfswerk zog nach der erzwungenen Schließung der Theresienschule 1939 in deren erste Etage. Die Organisation sorgte für Wohnraum, Arbeit, Schulplätze und Emigration, und als dies nicht mehr ging, wenigstens für das Lebensnotwendigste. Das Hilfswerk arbeitete zusammen mit seinem evangelischen Pendant, dem „Büro Pfarrer Grüber"

Herz-Jesu-Kirche in der Fehrbelliner Straße, um 1899

des Kaulsdorfer Pastors, bis dieses im Dezember 1941 aufgelöst und Heinrich Grüber verhaftet wurde. Das HBOB musste aber auch Kontakt zu NS-Stellen halten, wie dem für Deportationen zuständigen Referat von Adolf Eichmann und – kooperativer – dem Ministerialrat im Reichsinnenministerium Hans Globke. Er gab Margarete Sommer „die allerwichtigsten Hinweise, so dass wir tatsächlich manches verhindern konnten", und „nicht wenige der Bestimmungen, an denen er persönlich hatte mitarbeiten ‚müssen' (ich erkenne ja ein solches ‚Müssen' nicht an) verriet er uns noch, während er daran arbeitete". Der Berliner Bischof Konrad Kardinal von Preysing, Begründer des HBOB, ergänzte:

Margarete Sommer, 1945

Kaplan Heinrich Kreutz, 1945

„Eine Zeit hindurch mußten wir Herrn Dr. Globke fast täglich in Anspruch nehmen."

Margarete Sommer war gut vernetzt. Als Versteck für Erich Wolff fand sie über die Ladeninhaberin Maria Gerth, Keibelstraße 2, ein freies Zimmer im Nachbarhaus (Nr. 3) bei Hermann. Am 28. Juli 1942 zog er ein, elf Tage danach um die Ecke zur Familie Seelig in die Linienstraße 3 (heute etwa: Mollstraße 35) und schließlich – das Datum ist nicht bekannt – nahm ihn Kaplan Heinrich Kreutz in der Herz-Jesu-Kirche auf. „Ich bin", so Wolff an Margarete Sommer, „treu und würde, wenn es sein müßte, im Keller, Boden oder auch im Freien übernachten trotz meines Beines." Im Heizungskeller fand er ein relativ sicheres Nachtlager. Mangels Kohlen wurde nicht geheizt. Bei Tage humpelte er – ohne gelben Stern – durch die Straßen. Hielt ihn dennoch Polizei an, entblößte er die Beinprothese. Peinlich berührt, ließ man ihn ziehen. Kriegsinvalide! Rast fand er im Seifengeschäft von Helene Kreutz in der Wilhelmstraße 112. Bei

Die Treppe zum Versteck von Karl Müller unter der Sakristei von Herz Jesu, 2023

der Mutter des Kaplans konnte er sich waschen, satt essen und ausruhen. Als Dank half Wolff im Laden.

Im Oktober 1944 trat Horst Rothkegel die Nachfolge von Pater Kreutz an. Der verriet ihm, er habe im Keller „eine Erbschaft", und meinte den Mann beim Heizkessel. Dass im Keller, nämlich unter der Sakristei, noch jemand wohnte, ahnte Kreutz nicht. Diesen Gast hatte sein Kollege, Pfarrer Alfred Brinkmann, eingeschleust, und er hielt ihn ebenso geheim. Nur ganz wenige in der Pfarrei wussten von den Versteckten.

Der Mann unter der Sakristei hieß Karl Müller. Jahrgang 1892, heiratete er 1928 Margarete Hedwig, 1929 wurde ihnen die Tochter Berit, 1934 ein Sohn geboren. Im selben Jahr fand sich die ganze Familie, auch Margarete, in der jüdischen Gemeinde. Vier Jahre später ließen sich Karl und Kinder taufen und er und Margarete nach katholischem Ritus trauen. Im selben Jahr wurde er in der Reichspogromnacht verprügelt und mit Schädelbruch ins Krankenhaus eingeliefert. Er erduldete alle Stufen der Diskriminierung bis hin zum gelben Stern. Seine Kinder hätten ihn ablegen und wieder eine Normalschule besuchen können, wäre seine „arische" Frau zur Scheidung bereit gewesen. Selbst als „Judensau" beschimpft und geschlagen, wusste sie um die Lebensgefahr ihres Mannes. Sie willigte nicht ein. Im Herbst 1944 meldete sich Müller bei Margarete Sommer – und seine Frau ihn wohlwissend als vermisst. Verstecke fanden sich sogleich. Zuerst nahmen ihn Anfang September Freunde auf, das Ehepaar Matzke mit sechs Kindern in ihrer Zweizimmerwohnung Weißenburger Straße 4 (heute: Kollwitzstraße 6). Nach zwei Wochen versteckte ihn die Familie von Alois Lessel für etwa zehn Tage im Schlafzimmer ihrer neuen Wohnung, Schönhauser Allee 133. „Immer, wenn es klingelte", so Lessels Tochter Elly, „mußte er im Kleiderschrank verschwinden." Schließlich bot ihm Pfarrer Brinkmann unter der Herz-Jesu-Kirche Asyl. Der Küster Robert Kaminski und einige Gemeindemitglieder versorgten ihn, und Berit brachte ihrem Vater heimlich Essen. Seine Familie wohnte wenige Fußminuten entfernt in der Prenzlauer Allee 232. Berit wählte stets Umwege, um eventuelle Verfolger zu verwirren.

Am 1. Mai 1945 erreichten sowjetische Soldaten die Kirche. Das Verstecken hatte ein Ende. Erich Wolff erhielt eine Wohnung in Kreuzberg. Er nahm seinen jüdischen Glauben wieder an, wanderte in die USA aus, kehrte aber zurück. Im Jahr 1969 starb er. Auf Karl Müller wartete seine Familie. Am letzten Kriegstag ausgebombt, fand sie Wohnraum in der Malmöer Straße. Er starb ein Jahr nach Wolff.

Und dann war da noch Sonja Goldwerth. Die Waise, 1927 geboren, überlebte auf dem Grundstück der Herz-Jesu-Gemeinde Schönhauser Allee 182, wo sie die Schwestern Unserer Lieben Frau in ihrem Heim „Mariahilf" verbargen, bis sie sicher war. Margarete Sommer hatte sie zuvor im Juni 1944 vierzehn Tage lang bei sich und ihrer Mutter in ihrem Haus in Kleinmachnow, Hakenheide 166 (heute: Ernst-Thälmann-Straße), versteckt und dann nach Herz-Jesu mitgebracht.

Damit zurück zu dieser mutigen Frau, die wie kaum jemand im Deutschen Reich ihr Leben für die Bedrängten riskierte. Ihre Kladde mit dem Titel „Abwanderung", die sie penibel führte, nennt 260 deportierte „nichtarische Christen", die sie, waren deren Adressen im Getto oder Häftlings- und Barackennummern in den Lagern ermittelt, mit Paketen unterstützte. Die Zahl derer, die sie rettete, ist weitaus höher. Die 1924 promovierte Frau sah früh ihre Berufung in der kirchlichen Sozialarbeit. Kaum vorstellbar ist ihr Einsatz an Zeit und Kraft für jedes einzelne Schicksal, kaum zu unterschätzen zum Beispiel ihr Kampf gegen ein geplantes „Mischehengesetz" 1942/43: Zwangsscheidungen sollten „nichtarischen" Ehepartnern den Schutz rauben. Sie wurden verhindert.

Die Ehrungen, die Margarete Sommer nach 1945 erfuhr, nahm sie bescheiden an. Sie wusste, ein anderer, mit dem sie betend unbeirrt im Austausch stand, hatte ihr die Hand geführt. Sie war „nur Werkzeug". Erschöpft starb sie 1965 im Alter von 71 Jahren.

Im Schrebergarten

Hans Rosenthal

Berlin ist – auch – ein Ort von Kleingärten. Über 66 000 Pächter gibt es, so viele wie in keiner anderen deutschen Stadt, und sie verteidigen jede Parzelle zäh gegen Straßen- und Hausbau. Die Schrebergärten haben mit dem Orthopäden Moritz Schreber (1808–1861) nur dem Namen nach zu tun. Es war der Leipziger Pädagoge Ernst Hauschild, der 1865 den ersten Kinderspiel- und Turnplatz schuf und nach seinem Freund Schreber benannte. Bald kamen Blumen- und Gemüsebeete hinzu. Die Idee wurde populär. Vor allem ärmere Leute legten sich Gärten an und wohnten dort. In ihren Gartenkolonien bildeten sie oft verschworene Gemeinschaften „gegen die da draußen", die luxuriöser leben konnten, und sie traten ein für die, die ähnlich prekär lebten wie sie. Und manche versteckten sie, so klein ihre Lauben sein mochten.

Hans Rosenthal verdankte dieser Haltung sein Leben. Jahrgang 1925, wuchs er auf in einer Großfamilie mit Eltern und Großeltern, gutbürgerlich und patriotisch, in der Winsstraße 63. Der Vater arbeitete in leitender Stellung für die Disconto-Gesellschaft, die 1929 mit der Deutschen Bank fusionierte. Mutter und Großmutter führten mit viel Nestwärme den Haushalt, bis es der neuen Regierung des Jahres 1933 einfiel, sie als jüdisch und undeutsch von der „Volksgemeinschaft" auszuschließen. Dem Vater bot sein Arbeitgeber an, die Bankfiliale in Kairo zu übernehmen. Er lehnte aus gesundheitlichen Gründen ab. Als Botenjunge wurde er Spott und Mitleid ausgesetzt, ehe er 1937 seine Papiere erhielt. Im selben Jahr starb er, die Mutter vier Jahre danach an Krebs, Hans' jüngerer Bruder Gert kam ins Waisenhaus.

Hans Rosenthal, der gern Arzt geworden wäre, musste die Schule verlassen. Er fand Aufnahme im Jüdischen Landwerk Neuendorf bei Steinhöfel, das auf ein Leben in Palästina vorbereitete. Dann zwang man den Jungen zur Arbeit als Hilfstotengräber in Fürstenwalde und in einer Blechstanzerei in Berlin-Weißensee, Langhansstraße 106, wo sogar einmal auf ihn geschossen wurde.

Kurzzeitig wohnte er im Baruch Auerbach'schen Waisenhaus in der Schönhauser Allee 162, bis der vorlaute Bengel in das Jüdische Jugendheim in die Rosenthaler Straße 26 ziehen musste. Wenige Wochen später wurde im Oktober 1942 das Waisenhaus geräumt. Die 89 Kinder ermordete man bei Riga, mit ihnen Hans' Bruder, zehn Jahre alt, und die Erzieher, die die Kleinen nicht im Stich gelassen hatten. Ebenso ging die jüdische Belegschaft der Weißenseer Blechfabrik in den Tod, doch arbeitete Rosenthal inzwischen im Zweigwerk Torgelow. Zum dritten Mal war er knapp dem Tod entkommen. Erschrocken büxte er aus, hin nach Berlin zu seinen Großeltern Max und Auguste. Allein, sie konnten ihn nicht aufnehmen, sie hatten bereits ihre Enkelin Margit, Hans' Cousine, bei sich versteckt. Im September 1943 verlor sie ihren Vater. Er wurde in einem Polizeirevier erschlagen.

Für Hans fand seine Großmutter einen Ausweg. Ihre Schwester hatte eine Geschäftsfreundin, Ida Jauch, alleinstehend, 56 Jahre alt, die in der Lichtenberger Gartenkolonie „Dreieinigkeit" am (hier nicht mehr existierenden) Hohenschönhauser Weg auf der Parzelle Schusterstraße 11 wohnte und einen kleinen Laden betrieb. Hans brachte ihr immer die Ware der Großtante, selbstgenähte Kleider. Frau Jauch mochte ihn. Am 27. März 1943, sechs Tage vor seinem 18. Geburtstag, zog der junge Mann bei ihr ein. Ihr mit Teerpappe ummanteltes und gedecktes Haus hatte hinter dem Laden und dem Wohnzimmer einen Raum von vier Quadratmetern mit einem winzigen Guckloch, betretbar durch eine tapezierte, kaum sichtbare Tür. Dorthin flüchtete sich Hans immer, wenn Kunden oder Freunde kamen, einmal sogar unter sein provisorisches Bett, fast mit der Nase an den Schuhen eines Mitarbeiters der NSDAP-Kreisleitung, der einen Bombenschaden besehen kam. Als Rosenthal

Eingang zur Kleingartenkolonie „Dreieinigkeit" in Berlin-Lichtenberg, 1937

Mehrgeschosser, wo früher Lauben standen, an der Elli-Voigt-Straße in Berlin-Lichtenberg, 2022

nach einem Luftangriff half, die brennende Nachbarlaube einzureißen, zog er sich eine schwere Brandwunde zu. Ein Arzt im nahegelegenen Städtischen Krankenhaus Herzberge (heute: Evangelisches Krankenhaus Königin Elisabeth Herzberge) behandelte ihn auch ohne Nachweis seiner Personalien. Die Gestapo verzeichnete ihn als „unbekannt verzogen und wahrscheinlich flüchtig“. Kein Wunder, denn Frau Jauch hielt ihn gut verborgen. Ins Freie ließ sie ihn möglichst nur im Dunkeln. Dann leerte sie auch seinen Nachttopf; auf dem Weg zur Toilette hätte sich Hans im Garten zeigen müssen.

Frau Jauch teilte ihre ohnedies knapp rationierten Lebensmittel mit ihrem heimlichen Gast, bereichert um die Dinge, die Hans' Großmutter brachte oder, seltener, um ein Karnickel oder einen Hahn aus dem Garten, sofern der junge Mann es über sich brachte, dem Tier etwas anzutun. Sie konnte es nicht. Auch gegen Langeweile wusste Ida Jauch Rat. Doppelt sogar. Sie besorgte einen Detektor, mit dem sich BBC empfangen ließ. So kam Hans Rosenthal zum Radio. Und auch zu einer Zeitung kam er. Emma Harndt, eine Kommunistin, die ehedem *Die Rote Fahne* ausgetragen hatte, deren Mann im KZ gewesen war und mit nur noch einem Bein von der Front heimkehrte, las nun die *Berliner Morgenpost* – und brachte sie dann Hans. Er verschlang jedes Wort.

Am 9. September 1944 verstarb Ida Jauch. Hans Rosenthal brauchte ein neues Versteck. Er wagte sich zu einer Nachbarin, zwei Parzellen weiter, der er vertrauen zu können glaubte – und täuschte sich nicht. Maria Schönebeck nahm den aufgeschlossenen, freundlichen Mann sofort in ihrer Laube auf. Auch sie teilte alles mit ihm, besonders den Hunger. Um dem ein wenig abzuhelfen, zog sie drei benachbarte Paare ins Vertrauen. Wie selbstverständlich schnitten sie ihr Teile ihrer Lebensmittelkarten ab. Niemand verriet den Versteckten, nicht Frau Schönebecks Sohn, der als U-Bootfahrer Bedenken gegen ihn trug, und auch nicht die Nachbarschaft, die den selbstgezimmerten Splittergraben im Schönebeck'schen

Garten mitbenutzte. „Hansi“, wurde geulkt, „die Alliierten wissen, daß hier ein Verfolgter verborgen ist. [...] Uns kann nichts passieren und das verdanken wir Ihnen.“

Am 25. April 1945 hielt Hans Rosenthal nichts mehr zurück. Demonstrativ zog er die Jacke mit dem gelben Stern an (!) und rannte freudig bis zum S-Bahnhof Landsberger Allee, ganz befreit den sowjetischen Panzerfahrern zujubelnd! Schon im darauf folgenden Monat betrat er im Berliner Rundfunk die Studios, die einmal für ihn die Welt bedeuten sollten. Als Moderator von Hörfunksendungen beim RIAS, von Ratespielen und vor allem *Dalli, dalli* im ZDF errang er bei seinem Publikum eine außerordentliche

Hochzeitsfoto von Hans und Traudl Rosenthal, August 1947

Beliebtheit. Im Februar 1987 erlag er dem gleichen Leiden wie seine Mutter.

Bei Frau Schönebeck war Hans Rosenthal in den beiden ersten Nachkriegsjahren wohnen geblieben. Mit seinem Gehalt und den CARE-Paketen, die er regelmäßig aus den USA erhielt, half er nun ihr. Sie war auch bei seiner Hochzeit am 30. August 1947 dabei. Dann zog er zu seiner Frau Traudl nach Spandau. Maria Schönebeck starb 1950, Emma Harndt 1977. Ida Jauch zählt seit 2015 in Yad Vashem zu den „Gerechten unter den Völkern". Ihre Lauben gibt es nicht mehr. Sie mögen annäherungsweise da gestanden haben, wo sich seit 1973 die Hausnummern 17 bis 19 des Wohnblocks Elli-Voigt-Straße befinden.

Es waren „diese drei Frauen", schrieb Hans Rosenthal in seinen Erinnerungen, „deren Hilfe es mir bis heute möglich gemacht hat, nach dieser für uns jüdische Menschen so furchtbaren Zeit unbefangen in Deutschland zu leben, mich als Deutscher zu fühlen, ohne Haß ein Bürger dieses Landes zu sein. Denn diese Frauen hatten ihr Leben für mich gewagt."

Bei der Drogistin

Ludwig von Hammerstein-Equord

20. Juli 1944. Die Bedeutung jenes Donnerstags unterliegt heute keinem Zweifel mehr. Worin auch die Beweggründe, wo die Ziele der Verschwörer lagen: Von allen Versuchen, Widerstand gegen das Hitler-Regime zu leisten, markiert dieses Datum, dieser Bombenanschlag den auffälligsten. Er gab Anlass zur Hoffnung, bis sich bestätigte, dass der Diktator das Attentat überlebt hatte. Fünf der im Oberkommando der Wehrmacht (OKW) in der Bendlerstraße 11–14 (seit 1955 Stauffenbergstraße) glücklosen Verschwörer wurden noch nachts an Ort und Stelle erschossen. Das dortige Denkmal von Richard Scheibe aus dem Jahr 1953, umgestaltet 1980, ist ihnen gewidmet. Gedacht wird alljährlich auch der beteiligten Männer und Frauen, denen der Volksgerichtshof das Todesurteil aussprach. Bis Kriegsende fahndete die Gestapo, nicht in allen Fällen mit Erfolg. Manche Verstecke waren zu geheim. So auch eine Drogerie und Wohnung mitten in Kreuzberg.

Seit 1920 gab es in der Oranienstraße 38 eine Parfümerie mit dem Namen „Titania" oder, so steht er in einem Branchenbuch, unheilvoller „Titanik". Ein gewisser P. Ohland führte sie. Er fand einen Kompagnon in Peter Kerp, einem aus Bonn zugewanderten Neuköllner, der das Geschäft ab 1923 unter seinem Namen betrieb. Im Jahr 1934 verlegte er die Drogerie in die Oranienstraße 36. Hauptsächlich seine Tochter Hertha Piksa stellte sich meist hinter den Ladentisch. Ihr Mann war an der Front gefallen. Sie war befreundet mit Felix Hartmann, einem kriegswichtigen Schlosser und Tischler der Ludwigsluster Flugzeugwerke, den sie später heiratete. Hertha wohnte im vierten Stock der Oranienstraße 33, Toilette auf halber Treppe. Immer wieder, wenn Gefahr drohte, zog Hedwig Lehmann zu ihr, eine benachbarte Jüdin. Auch Herthas Schwester Else war oft da. Und ab

Ludwig von Hammerstein-Equord, undatiertes Foto

21. Juli 1944 wohnte häufig noch jemand bei ihr, ein echter Adliger mit berühmtem Namen.

Ludwig Maximilian Freiherr von Hammerstein-Equord war nicht irgendwer. Sein Vater Kurt war Chef der Heeresleitung gewesen, ein mecklenburgischer Dickschädel, der im Januar 1934 aus Protest gegen die Reichsregierung zurückgetreten war. Ende April 1943 war er verstorben. Wie gering er Hitler schätzte, hatte er nie verhehlt. Bei ihm in der Villa Hammerstein in der Breisacher Straße 19 traf sich, wer genauso dachte und zum Widerspruch neigte. Es lag nahe, dass Ende Februar 1943 der Offizier Fritz-Dietlof Graf von der Schulenburg Ludwig fragte, ob er gegen Hitler mitmachen würde. Der 23 Jahre junge Oberleutnant sagte zu. Ludwig kannte im Bendlerblock jeden Winkel. Als der Vater Chef der Heeresleitung war, hatte die Familie dort gewohnt.

Der 20. Juli 1944 kam heran. Hammersteins Aufgabe im Bendlerblock war, den führertreuen General Joachim von Kortzfleisch zu bewachen. Das tat er auch. Auf die Meldung hin, dass Hitler lebte, eskalierte die Situation in den Büros und Gängen des OKW. Schüsse fielen. Nun handelte Oberleutnant von Hammerstein, wie er sagte, „nach der alten Devise eines Soldaten", nämlich „im richtigen Moment auszureißen". Durch eine Seitentür entkam er. Er hastete nach Hause in die Breisacher Straße und von dort um die Ecke in die Buchsweilerstraße zu einer Freundin, Barbara von Steinau-Steinrück. Umstandslos bereitete sie dem späten Besucher ein Nachtlager. Morgens um neun Uhr erkundigten sich bereits Gestapo-Beamte höflichst bei Ludwigs Mutter, die sich natürlich überrascht gab. Klar war nun, der Sohn brauchte dauerhaft ein Versteck.

Ein Ehepaar half Ludwig weiter. Die Wittes wohnten über der Drogerie Kerp in der Oranienstraße 36. Fritz Witte, aktiver Offizier, war ein Kriegsschulkamerad von Ludwigs Bruder Kunrat und seine Frau Maria befreundet mit Hertha Piksa. Maria fragte die Drogistin, und gleich nächsten Tages brachte sie Ludwig zu ihr. Zur Ankunft leerten sie eine Flasche Wein mit Herthas Zukünftigem, dann ging dieser heim und die anderen schlafen, Hertha und Hedwig Lehmann auf den Polstern des Wohnzimmers, Ludwig auf den Dielen. Die Oranienstraße 33 blieb nicht sein einziges Versteck, aber sie wurde sein „Hauptquartier". Kein Wunder, zu essen gab es genug. Hertha war ja Kriegerwitwe, erhielt Pakete von einer Freundin im Bayerischen Wald, und gut kochen konnte sie auch. Mit Lektüre, vor allem über Physik, versorgte ihn seine Verwandtschaft. Sicherheit gab ihm seine neue Identität. „Karl Ludwig Hegemann" hieß er in dem Wehrpass, den ihm der Fälscher Oskar Huth ausstellte. Damit (und mit einer Pistole in der Tasche) ließ es sich in der unzerstörten Orani-

Oranienstraße 36 in Berlin-Kreuzberg, 2023

enstraße sorglos spazieren oder abends ausgehen. Dann aber nahm er die Straßenbahn, um schnell abspringen zu können, wenn ein Verdächtiger ihn ansprach. Ja, er war arglos genug, Haarwasser zu bestellen und es, da es das falsche war, zurückzusenden. „Wir würden bald aufgeschmissen sein, wenn wir so weitermachten", schimpfte sein Schwager, der Architekt Walter Rossow. Bei ihm und seiner Frau Helga in Stahnsdorf wohnten auch Versteckte. Diese übten Vorsicht, Ludwig weniger. Sollte ihn die Polizei als Deserteur ruhig suchen, er hatte ja den fast echten Pass von Oskar Huth, und der wies ihn aus als Herrn Hegemann aus Uruguay.

Am Ende rettete ihn aber nicht der falsche Wehrpass, sondern sein echter Führerschein. Nach seinen eigenen Worten: „Am 26. April [1945] kochte Mutter Kerp ein prächtiges Mittagessen. Dazu eine Flasche Rotwein. Alle waren wieder voller Hoffnung nach den Bomben und Granaten. Gegen fünfzehn Uhr erschienen dann in der Oranienstraße die ersten russischen Infanteristen. In den Toreingängen standen die Einwohner und freuten sich, daß die Schweinerei endlich ein Ende hatte. Ich habe niemanden Widerstand leisten sehen." Die Soldaten „kassierten Uhren und Schmuck. Dann verteilten sie Tabak und Zigaretten aus dem Laden von der Ecke und durchsuchten die Häuser." Auch nach Mädchen. „Nur alte und resolute Frauen – wie Mutter Kerp – bildeten einen gewissen Schutz. Vor ihnen hatten die Soldaten meist Respekt." In der Drogerie quartierte sich ein russischer Oberst ein. Am 3. Mai verhaftete er Hammerstein als mutmaßlichen Soldaten. „Else Kerp redete jedoch solange auf den Obersten ein, bis er mich zum Ortskommandanten schickte, um meine Personalien zu überprüfen." Der Kommandant sprach gut Deutsch, und so konnte ihm Hammerstein klarmachen, wer er wirklich war, Oberleutnant *und* Widerstandskämpfer. Er reichte dem Offizier als echtes Dokument seine Fahrerlaubnis, und dieser kritzelte einen kyrillischen Vermerk hinein. Hammerstein konnte ihn nicht lesen, aber akzeptiert wurde er überall. Am 8. Mai war er wieder zu Hause in der Breisacher Straße.

Ludwig von Hammerstein machte journalistisch Karriere als Pressereferent im Bundesministerium für gesamtdeutsche Fragen, als stellvertretender Intendant des Norddeutschen Rundfunks und von 1974 bis zu seinem Abschied 1984 als Intendant des RIAS Berlin. Er starb 1996.

Hertha und Else, den Schwestern in der Drogerie, hat er ein ehrendes Gedächtnis bewahrt. Wo er als Zeitzeuge des 20. Juli auftrat, erwähnte er auch die beiden Frauen. Eine Gedenktafel erhielten sie nicht. Unter dem Namen Peter Kerp existierte die Drogerie bis 1972. Dann verlieren sich die Spuren.

Zu Füßen eines Engels
Oskar Huth

Es herrschte Krieg. Weltkrieg. Seit über zwei Jahren. Da ging eines schönen Tages eine junge Frau, Ende zwanzig, in Berlins Westen in einen Laden für Künstlerbedarf und kaufte – gab es nichts Lebenswichtigeres? – eine Staffelei, unhandlich zu tragen. Ein schmächtiger Mann, ein paar Jahre jünger als sie, fragte kurz „Darf ich?“ und griff das Gestell. Die Käuferin protestierte. „Kein aber, mein Fräulein“, erwiderte er, „sagen Sie mir einfach, wohin die Staffelei möchte.“ Sie verriet ihre Adresse, der Weg sei aber weit. „Nur zehn Querstraßen“, beruhigte der Kavalier ortskundig. Dann buckelte er das sperrige Objekt in die Meinekestraße 21 durchs Vorderhaus über den Hof ins Erdgeschoss des Gartenhauses. Auf Wiedersehen und weg. Die junge Künstlerin, Ilse Vogel mit Namen, wartete nun darauf, dass der Unbekannte seinen Trägerlohn kassieren käme. Aber er kam nicht. Monate vergingen, da traf sie ihn, wie der Zufall es zuweilen einrichtet, bei einer gemeinsamen Freundin. Diese stellte ihn ihr als Oskar Haupt vor. Fast stimmte der Name sogar. Genau genommen lautete er Huth, Oskar Huth. Beginn einer Romanze? Nein, aber einer Freundschaft fürs Leben, und dies wortwörtlich, denn als es für Oskar um Leben und Tod ging, bot ihm Ilse Unterschlupf.

Die Familie Huth wohnte in der Boxhagener Straße 118, da, wo es heute in eine Tiefgarage hinabgeht. Der Vater baute und stimmte Orgeln. Oskar machte Abitur, studierte Freie Malerei und Drucktechnik und begann als Zeichner im Dahlemer Botanischen Institut. Dann kam der Krieg. Bei seiner Musterung im Oktober 1939 überzeugte er als Kriegsuntauglicher. Zwei Jahre ging das gut, dann berief man ihn im November 1941 ein zweites Mal ein. Nun machte sich Oskar unsichtbar. Deserteure heißen solche Leute, und die wurden gesucht. Paragraf 6 der Kriegssonderstrafrechtsverordnung von 1938: „Bei Fahnenflucht ist auf Todesstrafe oder auf lebenslanges oder zeitiges Zuchthaus zu erkennen." Geschätzt 350 000 Deutsche gingen im Zweiten Weltkrieg von der Fahne, ein Fünfzigstel der Wehrmacht. An die 26 000 Deserteure wurden verurteilt, 10 000 zum Tode.

Doch Oskar vertraute auf seinen Wehrpass. Er hatte ihn ja selbst gefälscht. Als „Oskar Haupt" schweifte er im Winter 1941/42 in der Stadt umher, erhielt Kost und notfalls ein beheiztes Obdach in Fritz und Hede Bauchs Tabakladen in der Burgstraße 15 (das schmale Haus stand am Spreeufer vis-à-vis der Südostecke des jetzigen Humboldtforums) und, neuerdings, in Ilse Vogels großem Zimmer in der Meinekestraße. Am 2. März 1942 fand er eine Dreizimmerwohnung in der Dillenburger Straße 58 f in Schmargendorf, als Nachmieter einer Kriegerwitwe, die mit ihrem Kind evakuiert worden war.

Ilse Vogel hätte gern an der Berliner Kunstakademie studiert, doch fehlte ihren Eltern in Görlitz auf Dauer das Geld für die Höhere Mädchenschule. So nahm sie in Berlin eine Halbtagsstellung als Sekretärin in einer Anwaltskanzlei an. Die Vormittage verbrachte sie auf einer privaten Kunstschule. Als die Kanzlei schloss und sie in die Arbeitslosigkeit entließ, konnte Ilse so gefällig malen, dass sie vom Verkauf ihrer Bilder besser lebte als zuvor. Sie hasste Hitler, und ihre Vermieterin, deren Wohnung sie teilte, tat dies nicht weniger. Kein Wunder, dass Frau Lasker Herrenbesuch von einem Deserteur tolerierte, besonders, wenn dieser so viel Frohsinn verbreitete wie Oskar Huth. Stets hatte er eine Blockflöte dabei, spielte mal Mozart, mal Bach, mal einen Walzer, mal ein Volkslied, und Ilse sang dazu. Bei einem Ku'damm-Bummel, erzählte sie, kamen sie an einer Ruine vorbei, deren Fassade abgesprengt war. Der Blick in die Wohnungen war frei „wie bei einer Puppenstube". In einem der offenstehenden Zimmer entdeckte Oskar ein Klavier, kletterte flugs treppauf und spielte Klassik. Die Schönheit der Berliner Ruinen verglich der Ästhet mit der alter Burgen an

Ilse Vogel bei einer Auktion in der Galerie Rosen, 1947

Rhein und Mosel, und die Luftangriffe bewunderten er und Ilse vom Dach aus (sie scheute Luftschutzkeller), als wären es Feuerwerke. Fürwahr, Oskar war originell. Ilses Zimmer wurde zum Geheimkabarett mit ihm als Conférencier und Hauptmimen. Und waren die Gäste gegangen, bettete sich der Maître de Plaisir auf Ilses Kissen und schlief auf dem Boden zu Füßen eines Engels.

Mit diesem gefiederten Himmelsboten hatte es eine besondere Bewandtnis. Der Bildhauer Georg Kolbe hatte den Bronzeengel 1922 für ein Rathenau-Denkmal geschaffen, das jedoch nicht zustande gekommen war. Das geflügelte Wesen fand eine neue Bleibe. Es schmückt die Grabstele Ferruccio Busonis, des 1924 verstorbenen Komponisten, Pianisten und Dirigenten, auf dem Friedhof Schöneberg III in Friedenau. Im Krieg riss ein Baum die Stele um, der Engel stürzte aufs Grab und brach sich einen Flügel. Die Friedhofsverwaltung war machtlos. Also griffen Ilse und ein Freund

Grabstele für den Pianisten und Komponisten Ferruccio Busoni mit der Bronzeplastik *Genius* von Georg Kolbe (1922/25), Städtischer Friedhof Schöneberg III, Berlin-Friedenau, 2022

rettend ein. Mangels eines Gefährts schleiften sie den schweren Kerl des Nachts dreieinhalb Kilometer von der Stubenrauch- in die Meinekestraße und durch Frau Laskers Flur in Ilses Zimmer. Hier war er sicher. Ilse freute sich riesig.

Oskar Huth benutzte – komfortabler als Ilse für ihren Engel – einen Handkarren, als er eine Druckpresse aus Kreuzberg zu sich in die Dillenburger Straße brachte. Dem Verkäufer, einem Grafiker, zahlte er 25 Reichsmark an, weitere Raten blieb er schuldig. Mit Papier aus alten Vorräten und selbst geschnitzten Stempeln mit dem „Vögelchen“, dem Reichsadler, das Hakenkreuz krallend, ging er daran, Ausweise, Dokumente und massenweise Lebensmittelmarken zu produzieren. Seine ahnungslosen Nachbarn hielten ihn für einen harmlosen, fleißigen Drucker. Sie sahen ihn im Keller mit Vergnügen bei der Arbeit, denn er gab seine druckfrischen Fahnen bei Luftalarm gern zum Besten: hochtrabenden, pseudowissenschaftlichen Unsinn. Witzig! Die eigentlichen, geheimen Druckerzeugnisse erhielten sie nicht zur Kenntnis. Huth lieferte sie persönlich aus, manche gegen Bezahlung, häufig auch kostenlos.

Prekär wurde es, als Oskar im Februar 1945 bei einer Razzia der Polizei ins Netz ging und der Beamte im Polizeipräsidium zwei Pistolen und ein Vermögen an Buttermarken bei ihm fand. Huth redete sich heraus. Der Mann protokollierte korrekt und, kaum mag man es glauben, ließ ihn laufen, samt Waffen und Marken. Daheim musste Oskar aus anderem Grund auf der Hut sein. Der einzige Fernsprechapparat im Hause hing bei ihm. Wie schnell konnte jemandem beim Telefonieren in seiner Wohnung Verdächtiges auffallen!

Zunehmend versteckte sich Oskar bei Ilse. Zum Schluss gänzlich. Denn aus der Meinekestraße in die Dillenburger Straße zu gelangen, gelang in der letzten Aprilwoche 1945 nicht mehr. Zu eng hatte die Rote Armee ihren Ring inzwischen gezogen. Deserteure hingen an Laternenmasten. Oskar zog es vor, bei Ilse zu bleiben. Nur in ihren Kleidern und geschminkt wagte er sich noch auf die Straße. An einem jener Endtage stand plötzlich ein Hitlerjunge vor Ilses Tür, eine Panzerfaust auf seinen dünnen Schultern. Günter Müller hieß er und war „dreizehneinhalb“, erinnerte sie sich. Er wollte nicht mehr schießen, und nach Hause traute er sich auch nicht. Was half's, nun waren sie zu dritt in ihrem Zimmer. Ihre Vermieterin hatte auch Dauerbesuch: ihren Freund und seine Schwester. Es wurde eng im Parterre.

Oskar Huth, 1950er-Jahre

Am 1. Mai kämpften Volkssturm, SS und Rotarmisten in der Meinekestraße. Vor der Hausnummer 21 stand ein voller Benzintank. Ihn wegzuschieben war unmöglich. Er fing Feuer. Das Haus brannte ab. Die Bewohner retteten sich in einen Keller auf der anderen Straßenseite. Zwei Tage später erst, Berlins Kampfkommandant hatte kapituliert, wagten sie sich ans Licht. Frieden!

Oskar Huth konnte zurück nach Schmargendorf, Ilse Vogel fand eine neue Bleibe in der Düsseldorfer Straße und eine neue Tätigkeit beim Aufbau der legendären Galerie Gerd Rosen am Kurfürstendamm 215. Im Jahr 1948 ging sie nach Basel und von dort 1950 nach New York. Sie arbeitete als Autorin, Illustratorin und bei einem Galeristen, den sie 1957 heiratete. Regelmäßig kam sie nach Berlin. Ihr Haus in der Meinekestraße gab es nicht mehr, aber Kolbes Engel. Bei der Enttrümmerung des Grundstücks 1955 fand man ihn im Schutt. Seit 1966 hütet er wieder Busonis Grab. Mit Oskar blieb Ilse in gutem Kontakt. Immer, wenn sie in die Stadt kam, besuchte sie ihn. Am 7. Oktober 2001 starb sie, zehn Jahre nach ihm. „Hütchen", der Lebenskünstler, war ein gern gesehenes Gesicht der Berliner Bohème in langen Kreuzberger Nächten und in den Lokalen am Savignyplatz. Wer konnte so spannend erzählen wie er?

Oben auf der Empore

Die Frauen von Kaulsdorf

Da steht eine bildschöne 19-jährige Frau kriegsgefangen vor einem sowjetischen Offizier, muss sich verantworten, ihn anlügen. Weshalb sie Uniform trage, will der Mann wissen. „Ich wollte nicht vergewaltigt werden", sagt sie. Wahr wäre: Ich wollte bei meinem Freund, einem ranghohen Nazi, bleiben, als er zum Volkssturm ging, meldete mich daher selbst unter dem Namen „Heinz" und marschierte mit. „Russische Soldaten vergewaltigen nicht, deutsche Schweine vergewaltigen", herrscht der Offizier sie an, doch bleibt sie bei ihrer Lüge, zweimal wiederholt sie sie. So steht es in ihrer Autobiografie, dem Weltbestseller *Der geschenkte Gaul*.

Hildegard Knef hieß die Lügnerin, und die Ausrede war wohlgewählt im Mai 1945. Denn vergewaltigt wurde Nacht für Nacht. Sie selbst hatte Glück und blieb unberührt. Versteckt unter dem Stahlhelm, in Feldgrau und Stiefeln. Nur kurz war ihre Haft. Zurück in der Freiheit und im Schusterladen ihres Stiefvaters in der Wilmersdorfer Bernhardstraße 7 (das Grundstück liegt heute unter der Stadtautobahn), erfuhr sie von ihm, wie es weniger glücklichen Frauen ergangen war: „Familie Bartsch, die mit der Tochter, haben Selbstmord gemacht, sie haben die Frau und die Tochter geholt, immer wieder, Mutter Blocken auch" und „deine Schulfreundin, die Lange aus der Wexstraße, die in deiner Klasse war, die hat sich aus dem Fenster geschmissen. Sie kommen immer noch nachts, wenn sie betrunken sind."

Die Nächte des Wonnemonats Mai und die der folgenden Monde waren nahezu unerträglich für junge Frauen im Angesicht der Sieger oder – je nach Lesart – Befreier. Über hunderttausend Vergewaltigungsopfer haben Historikerinnen für Berlin bis in den Herbst 1945 hochgerechnet, auf der Basis brüchiger Zahlen der Kliniken über Schwangerschaften und Geburten und der Abtreibungen, die dokumentiert sind. Die Leiden älterer Frauen, kleiner Mädchen und Opfer von Homosexuellen unter den Vergewaltigern erfassen sie nicht. Misshandlungen lassen sich – mit Ausnahme britischer Soldaten – für alle Besatzungstruppen belegen, am weitaus häufigsten für Rotarmisten.

Diese sahen sich im Recht: Deutsche Soldaten und SS-Männer in Polen, der Ukraine und Russland hätten genauso gehandelt. Stimmt. Die im Bierrausch gegrölte Moritat von Maruschka, dem allerschönsten Kind, das man in Polen find't, ist nichts als verlogene Landser-Lyrik. „In Warschau haben unsere Truppen vor der Haustür Schlange gestanden", schilderte ein Soldat ein Wehrmachtsbordell. „Jede Frau hatte in einer Stunde 14 bis 15 Mann. Sie haben da alle zwei Tage die Frau gewechselt." Es mag, wie in diesem Fall, äußerlich geregelt und in gehöriger Ordnung, immer der Reihe der Reservierungen nach zugegangen sein, die Torturen zerstörten jedoch Menschen.

Die Rote Armee richtete keine Bordelle ein, Heimaturlaub wie bei der Wehrmacht gab es nicht. So sei zu erklären, sagte ein sowjetischer Stabsoffizier in Berlin, „daß die Männer nun beim Anblick von Frauen nicht mehr zu halten sind". Militärtribunale verurteilten Einzelfälle, wie zuvor auch die deutschen in den besetzten Gebieten. Doch konnten die Richter erst tätig werden, wenn Anzeigen vorlagen. Welcher Kamerad aber verriet seinen Kameraden? Welcher Frau glaubte man? Ertappte ein sowjetischer Offizier einen Vergewaltiger auf frischer Tat, so kam es vor, dass er ihn auf der Stelle erschoss.

Zweifach gedemütigt war manche Frau, wie die, von der Ursula von Kardorff in ihren *Berliner Aufzeichnungen* unter dem 23. September 1945 berichtet: „Hörte von einem Mädchen, das von fünf Russen vergewaltigt wurde – nun hat ihr adliger Bräutigam die Verlobung aufgelöst." Auch solches hörte die Journalistin: „Ein deutsches Mädchen freundete sich mit einem Engländer an. Eines Tages auf dem Spaziergang sahen sie einen zerlumpten deutschen Soldaten.

‚Das ist auch so ein Kriegsverlängerer', sagte das Mädchen, darauf ohrfeigte sie der Soldat. Der Engländer schenkte ihm Zigaretten – und ließ das Mädchen stehen." Kardorffs Fazit befremdet: „Berlin ist eine Stadt ohne Eros geworden." Das gefürchtete „Frau-komm-mit" in geradebrechtem Deutsch war kein Liebeswerben, sondern blankes Drohen, und *die* Frau atmete auf, die es nie hörte oder die Hilfe erhielt, sich abstoßend hässlich schminken oder verstecken konnte.

Hilfe beim Verstecken erhielten die Frauen von Kaulsdorf, dem dörflich geprägten Ortsteil des Bezirks Lichtenberg im Osten Berlins. Auf dem Lande und auf den Landstraßen, wo unzählige erbarmungswürdige Flüchtlingstrecks sich nach Westen quälten, den bewaffneten Peinigern zu entgehen, war fast unmöglich. Möglich war es eher in den Kellern und Dachböden großstädtischer Dichte. Kaulsdorf war ländlich. Am 22. April 1945 gegen 16 Uhr durchstreiften erste russische Infanteristen die Dorfstraße, auf deren Anger das unzerstörte Gotteshaus stand. Pfarrer war seit 1934 Heinrich Grüber, ein Mann der Bekennenden Kirche. Nach dem Novemberpogrom 1938 begann er, die „gehetzten Menschen, die bei uns anklopften, irgendwo unterzubringen", immer mehr und immer mehr. Kaulsdorfs Laubenkolonien wurden zu jüdischen Diasporen. Ende 1940 geriet Grüber darüber in Haft. Im Jahr 1943 verließ er Dachau – ohne Zähne. KZ-Wärter hatten sie ihm nach und nach ausgeschlagen. Zurück in seiner Kaulsdorfer Pfarre, suchte er Fühlung zum Widerstand, namentlich zum Kreisauer Kreis, und kümmerte sich um Evakuierte in Ostpreußen, wo damals Bomben noch nicht fielen.

Nun, Ende April 1945, bedurften andere seiner Aufmerksamkeit. „Vergewaltigungen konnten wir in unserem [Gemeinde-] Haus verhindern; ich hatte den Eindruck, daß auch mein schwarzes Gewand die Soldaten etwas zurückhielt", meinte Grüber. „Aber während der ganzen Nacht schrien die Frauen im Ort, ohne daß wir etwas für sie tun konnten." Da kam ihm der rettende Gedanke. „Die Empore

Pfarrer Heinrich Grüber, um 1945

der Kirche sind [sic!] während der Monate Mai und Juni die Zuflucht vieler Frauen und Kinder gewesen", steht in der Gemeindechronik, und Grüber erklärte dies so: „Um den Übergriffen vorzubeugen, forderte ich die Kaulsdorfer Frauen auf, die Nächte in der Kirche zu verbringen. Sie erschienen gegen 20 Uhr, mit Eimern und Wasserkaraffen ausgerüstet, und legten sich auf die Kirchenbänke. Dann schloß ich die Tür ab und legte mich davor. Sobald Soldaten kamen, verwehrte ich ihnen den Zutritt: ‚Hier nix Frauen, hier Pope.' Das machten wir ungefähr eine Woche lang, bis die Gefahr etwas abgenommen hatte."

Die Gefahr bestand weiter, doch je geregelter das Leben wurde, je häufiger Deutsche und Besatzer sich begegneten

Sandtner-Orgel und Empore der Jesuskirche in Alt-Kaulsdorf, 2022

und Zutrauen zueinander fassten, desto sicherer konnten junge Frauen sich fühlen. „War abends noch am Kurfürstendamm", schreibt Ursula von Kardorff. „Hübsche Mädchen mit Schleifen im Haar und Umhängetaschen schlendern zwischen englischen, amerikanischen und französischen Soldaten einher." Und Heinrich Grüber machte „die traurige Erfahrung, daß mehrere Frauen, die wir zuerst schützen mußten, sich den Soldaten später freiwillig zur Verfügung stellten".

Grübers Zeit in Kaulsdorf endete im August 1945 mit seiner Amtseinführung als Propst von St. Marien und St. Nikolai in Berlin-Mitte. Er wohnte in Dahlem. Nach dem Mauerbau 1961 durfte er seine Gemeinden nicht mehr besuchen. Kirchlich wie politisch äußerst engagiert, vielfach geehrt und ausgezeichnet, wurde er zu einem der bedeutendsten evangelischen Theologen der Nachkriegszeit. Er starb 1975. Seine Kaulsdorfer Gemeinde bewahrt ihm ein bleibendes Andenken.

Über einem Einbauschrank

Werner Schoening

Hagen von Tronje, der Antiheld des *Nibelungenliedes*, versteckte seinen Schatz bei Worms im Rhein, dann starb er von Kriemhilds Hand, und seither weiß niemand, wo das Gold sich befindet. Weniger episch geht es im realen Leben zu, im Angesicht von Bedrohung und von Feinden. Wie oft versteckt jemand, der flüchten muss und hofft, dies sei nur auf Zeit, die Schätze, die er nicht mitnehmen kann, um sie bis zum Tag der Heimkehr vor fremdem Zugriff zu schützen. Um wie viel ärmer sähen Museen aus, wären diese Kostbarkeiten nicht zufällig entdeckt worden, lange nachdem Verfolgte, Flüchtlinge oder Vertriebene sie versteckten in einem der vielen Kriege hierzulande – und sei es während des Kalten Krieges.

Einen solchen Fund machten Handwerker 2013 in einer Pankower Villa, als sie im Zuge einer Badsanierung die Wand über einem Einbauschrank aufstemmten. Verdutzt stießen sie auf einen Hohlraum. Darin versteckt waren Gerätschaften und Zubehörteile eines – nach heutigem Begriff – „Copyshops" der Fünfzigerjahre. Auch ein Zettel lag im Hohlraum, unsigniert, aber mit „Ed. Schoening" im Briefkopf, eine Bitte an Zukünftige, den Fund nicht anzutasten. Die heutige Eigentümerin des Hauses Tschaikowskistraße 46 meldete den Fund dem Museum Pankow. Dessen Team begab sich dem Geheimnis des veralteten, technisch wertlos gewordenen Lichtpaus- und Fotokopierzubehörs jenes „Ed. Schoening" in dreijähriger Kleinarbeit auf die Spur. Am Ende präsentierte das Museum seine erstaunlichen Ergebnisse in einer Ausstellung und einem Katalog, dem dieses Buchkapitel seine Substanz verdankt.

„Ed.", also Eduard, Spross der Unternehmerfamilie Schoening, heiratete 1916 die Fabrikantentochter Ella Krause und hatte mit ihr zwei Söhne, Hans-Joachim und den jün-

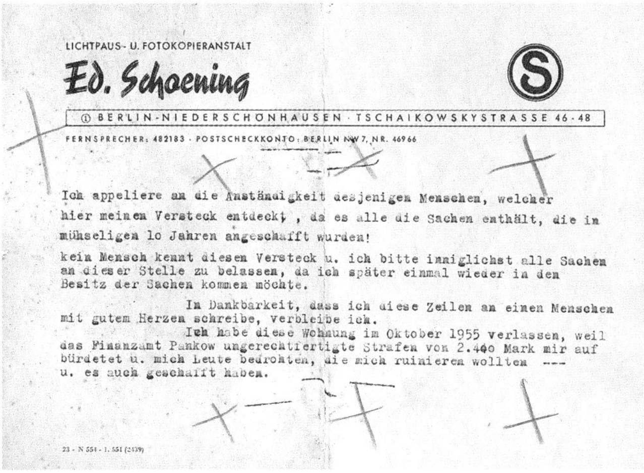

LICHTPAUS- U. FOTOKOPIERANSTALT

Ed. Schoening

① BERLIN-NIEDERSCHÖNHAUSEN · TSCHAIKOWSKYSTRASSE 46-48

FERNSPRECHER: 482183 · POSTSCHECKKONTO: BERLIN NW 7, NR. 46966

Ich appeliere an die Anständigkeit desjenigen Menschen, welcher hier meinen Versteck entdeckt, da es alle die Sachen enthält, die in mühseligen lo Jahren angeschafft wurden!

kein Mensch kennt diesen Versteck u. ich bitte inniglichst alle Sachen an dieser Stelle zu belassen, da ich später einmal wieder in den Besitz der Sachen kommen möchte.

Im Dankbarkeit, dass ich diese Zeilen an einen Menschen mit gutem Herzen schreibe, verbleibe ich.

Ich habe diese Wohnung im Oktober 1955 verlassen, weil das Finanzamt Pankow ungerechtfertigte Strafen von 2.440 Mark mir auf bürdetet u. mich Leute bedrohten, die mich ruinieren wollten --- u. es auch geschafft haben.

23 - N 554 - 1. 551 (2439)

Undatiertes Schreiben von Werner Schoening an unbekannt

geren Werner, geboren 1921. Die Familie bewohnte eine Jugendstilvilla in der Pankower Kronprinzenstraße 27 (heute: Majakowskiring 66). Eduard erhielt eine praktische und kaufmännische Ausbildung im Metallbereich und erlernte nebenher die Kunst des Fotokopierens. Im Jahr 1930 eröffnete er einen Schmierölgroßhandel. Die Söhne mussten im Krieg an die Front. Werner hatte im Februar 1944 Heimaturlaub und heiratete – in Uniform – Antonie Rieder, gleich im Spätherbst kam ihr Sohn Uwe auf die Welt. Die schöne, unzerstörte Villa, in der Antonie und Uwe bei den Schwiegereltern wohnten, wurde im August 1945 von der Sowjetischen Militäradministration requiriert – wie die anderen Häuser in der Kronprinzenstraße auch. Majakowskiring hieß sie ab Mai 1950 und avancierte hoch umzäunt und bewacht zum Nobelviertel der Regierung. Die vier Schoenings fanden ganz in der Nähe Aufnahme bei Verwandten im Haus von Ruth Buttkus, Kaiserin-Augusta-Straße 20 (heute: Tschaikowskistraße 46). Die Schoenings bezogen die obere Etage. Ruth Buttkus, ihre drei Kinder, ihr geschie-

V.l.n.r.: Eduard, Uwe, Ella, Werner und Antonie Schoening, um 1950

dener Mann und dessen Geliebte bewohnten das Erdgeschoss. In den Flur stellte Eduard 1946, zum Verdruss der Verwandtschaft, ein Kopiergerät und in der Küche richtete er ein Fotolabor ein. Der Krach der Maschine und der Gestank der Chemikalien durchdrangen das Haus, wenn der Betrieb florierte, täglich. Und er florierte meist – dank der Aufträge des Amts für Erfindungs- und Patentwesen. Im Jahr 1948 kehrte Werner aus Kriegsgefangenschaft heim, arbeitete bei seinem Vater mit und führte das Kopiergeschäft nach dessen Tod 1953 allein weiter.

Plötzlich aber lagen Werner Schoening Knüppel im Wege, und er stolperte darüber. Nach der II. Parteikonferenz der SED im Juli 1952 nahm der Aufbau des Sozialismus in der DDR Fahrt auf, und zwar brutal. Privat Produktionsmittel zu besitzen gehörte sich nicht mehr, und sei es nur eine

Fotokopiermaschine. Mit allen rechtlichen und unredlichen Tricks und Mitteln wurde enteignet. So sah sich Werner Schoening plötzlich mit einem Angebot konfrontiert, das er nicht ausschlagen durfte, aber tat. Er sollte seine Firma an das Patentamt abtreten und künftig als Betriebsleiter fungieren. Nein, seine unternehmerische Selbstständigkeit war ihm wichtig und er kämpfte um sie unter allen Umständen, und diese sollten ihn erdrücken. Zuerst meldete sich die Abteilung Finanzen des Rats des Stadtbezirks Pankow und verhängte ein empfindliches Strafgeld. Der Vorwurf: zu spät entrichtete Steuerabschläge. Unsinn, versicherte der Steuerberater anhand fundierter Zahlen und Belege. Ohne Erfolg: Die Abschlagszahlungen wurden – ein zweites Mal – abgebucht. Nicht genug damit, behauptete die Staatliche Preiskontrolle, Schoenings Preise seien unangemessen hoch, und setzte ebenfalls ein Strafgeld fest. Genug auch damit nicht, sicherte das Grundbuchamt dieses Strafgeld durch eine Hypothek auf Schoenings Grundstück Majakowskiring 66 ab. Auch damit nicht genug, kündigte nun das Patentamt die Zusammenarbeit, Werner Schoening verlor seinen Großkunden. Er musste seine drei Mitarbeiter entlassen. Nicht genug auch damit, standen im September und Oktober 1955 Polizisten vor der Tür. Ihr Vorwurf: Sabotage. Werner Schoening ein Saboteur? Wie soll sich einer verantworten, der nichts verbrochen hat? Er konnte es nicht. Werner sah den Ausweg für sich und seine Familie nur in Richtung Westen. Im „Demokratischen Sektor Berlins“ gab es für ihn, den Kleinunternehmer, keine Gerechtigkeit mehr.

Mit seiner Familie bereitete er die Flucht vor. Im Hause verbleiben sollte, was zum Kopieren gehörte: die auseinandergeschraubte Maschine, Ersatzteile, Glühbirnen, Chemikalien, Papier und – Finanzbelege. Nur wo? Werner Schoening stemmte über dem Einbauschrank im Flur einen Hohlraum in die Wand, und sein zehnjähriger Sohn Uwe musste schlotternd vor Angst in das Loch klettern und das Versteck bestücken. Dann mauerte sein Vater den Raum zu

Tschaikowskistraße 46 in Berlin-Pankow, einst Wohnhaus der Familie Schoening, 2023

und verputzte ihn so gut, dass er 58 Jahre lang geheim blieb. Versteckt unter ihrer Kleidung trug die Familie nach und nach Unauffälliges über die Grenze, mal Bargeld, mal Kleidung, sogar Bettwäsche. Unbemerkt von den Volkspolizisten in der Wollankstraße wanderte das Gepäck sukzessive nach West-Berlin. Dort verwahrten es Verwandte und Freunde, bis die Familie selbst „rübermachte".

Das sollte am Dienstag, 25. Oktober 1955, passieren. Drei Tage zuvor hatte die Polizei bei den Schoenings noch Haussuchung gehalten. Am 24. Oktober wurde Werner wieder vernommen, und am 25., dem Fluchttag, klingelten die Ermittler erneut. Aber die Schoenings waren nicht in ihrer Wohnung. Ruth Buttkus hatte sie bei sich im Erdgeschoss versteckt. Die Polizisten guckten sich im Obergeschoss um und gingen. Als die Luft rein war, verließen Werner, Antonie und Uwe das Haus und das Land. Der Grenzübertritt „in den Westen der Stadt verlief 1955 vollkommen undramatisch, da es damals die Mauer noch nicht gab", meinte Uwe

Schoening im entspannten Rückblick von sechzig Jahren. „Also fuhren wir mit der Straßenbahn Richtung Wollankstraße und liefen ohne Gepäck ganz gemütlich an den Grenzsoldaten oder Vopos vorbei, wie, wenn wir nur mal eben zu Besuch rüber wollten.“

Um Uwe kümmerten sich Verwandte in Berlin-Lichterfelde. Seine Eltern durchliefen geduldig die tagelange Immigrationsprozedur im Notaufnahmelager Marienfelde und fuhren schließlich über das Lager Friedland nach Solingen zu Werners Bruder Hans-Joachim und der Mutter Ella. Sie war – legal – nach dem Tode ihres Mannes schon im Vorjahr von Pankow nach Solingen gezogen. Schließlich kam ihr Enkel Uwe nach. Hans-Joachim Schoening beherbergte die drei Flüchtlinge, bis sie sechs Wochen später eine eigene Wohnung fanden. Eine Firma für veterinärmedizinische Geräte bot Werner Arbeit. Im Frühjahr 1984 zogen die drei in den Schwarzwald, wo Werner und Antonie 2015 starben.

Nachtrag: Eine Rechnung war noch offen, nämlich die Strafe wegen der überhöhten Preise. Werner Schoening bezahlte sie; er wollte ja sein Haus im Majakowskiring behalten. Enteignet wurde er trotzdem. Im Jahr 1995 klagte er auf Restitution – und verlor.

Unter Feinden

Spione der CIA

Im April 1956 herrschte in Berlin feinstes Aprilwetter, Temperaturen zwischen drei und achtzehn Grad, wenig Sonne, aber jeden Tag Regen, einmal sogar Schnee. In den Westsektoren rückte die Feuerwehr täglich rund zweihundertmal aus, um Keller leer zu pumpen. Das Neuköllner Gesundheitsamt verteilte Mahnungen an die Grundstücksbesitzer in der Johannisthaler Chaussee, in der Rudower, Neuköllner und Köpenicker Straße, Wasser aus ihren Brunnen nur abgekocht zu trinken. Seuchengefahr! Das Grundwasser und das Abwasser in den Sickergruben könnten sich vermischen. Dringender Appell: Die Siedler in Rudow mögen sich endlich an das städtische Wassernetz anschließen.

Auf der anderen Seite der Sektorengrenze, in Altglienicke, so hieß es, verursachte der Dauerregen im aufgeweichten Erdreich Störungen im Telefonnetz. Eine sowjetische Fernmeldeeinheit peilte die Schadensstelle an der Schönefelder Chaussee, etwa vor der Grundstücksnummer 99, gegenüber dem Friedhof Altglienicke und legte in der Nacht zu Sonntag, 22. April, die Kupferkabel frei. Was die Männer fanden, war die erwartete Sensation: ein etwa 1,90 Meter hoher und breiter Geheimtunnel, der nach Westen führte. Der Stadtkommandant Pjotr Akimowitsch Dibrowa lud sofort für Montag zu einer Pressekonferenz in den sowjetischen Offiziersklub Karlshorst und war außer sich: „Der Stollen, die unterirdischen Bauten und die dort befindliche Apparatur zeigen mit aller Klarheit, daß die Organisatoren des Unternehmens in verbrecherischer Spionageabsicht gehandelt haben, indem sie ein ständiges Abhören der Telefongespräche auf den Fernmeldelinien der Gruppe der sowjetischen Streitkräfte und auf den Fernmeldelinien der DDR einrichteten." Danach fuhr man zum Tatort. „Die Pressevertreter", berichtete die (Ost-) *Berliner Zeitung*, „zeigten

Anlagen im Verstärkerraum des Spionagetunnels auf dem Gebiet von Berlin-Altglienicke, nachdem der Tunnel zur öffentlichen Besichtigung freigegeben wurde, Mai 1956

sich außerordentlich beeindruckt vom technischen Raffinement der Anlage."

Zu Recht! Unter der Erde versteckte sich eine Abhöranlage modernster Art. Die Blaupause dazu war in Wien entstanden, der anderen Viersektorenstadt nach dem Zweiten Weltkrieg. Dort hatte der britische Secret Intelligence Service (SIS) 1949 einen Tunnel unter den sowjetisch besetzten Teil der Stadt getrieben, um Telefonkabel anzuzapfen und russische Gespräche mitzuhören – sehr aufschlussreich während des Koreakrieges. Doch noch vor Kriegsende wurde es Nacht im Schacht. Der Tunnel sackte 1952 unter dem Druck der fahrplanmäßig darüber hinwegdonnernden Straßenbahnen zusammen. „Operation Silver" war erledigt. Vom Feinde unbemerkt.

Derselbe Trick ließe sich im Grunde zwischen dem amerikanischen und sowjetischen Sektor Berlins auch anwenden, meinte der Direktor der Central Intelligence Agency (CIA) Allen Dulles. Denn ein Spitzel bei der (Ost-) Deutschen Post hatte 1952 interessante Zeichnungen und Lagepläne übergeben. Sie zeigten, wie dicht an der Grenze zum US-Sektor unter der Schönefelder Chaussee fünf Fernmeldekabel mit insgesamt 259 Leitungspaaren verliefen, zwei Kabel am westlichen Straßenrand und drei neben dem östlichen. Im Jahr 1947 in ein bis zwei Metern Tiefe verlegt, verband eines dieser drei Kabel die Sowjetische Militäradministration in Karlshorst mit dem Oberkommando der Gruppe der Sowjetischen Streitkräfte in Deutschland (GSSD) in Wünsdorf. Auch nicht unwichtig: Straßenbahnen fuhren auf der zu untertunnelnden Chaussee nicht!

Um die „Operation Gold" zu leiten, schickte Dulles 1953 einen seiner aktivsten Männer nach Berlin: den 38-jährigen William King Harvey, einen studierten Juristen, trinkfest und hemdsärmelig, der vom Federal Bureau of Investigation (FBI) gekommen war und die CIA 1947 in Langley mit aufgebaut hatte. In Berlin trat man zunächst einmal an Paul Noack heran. Der Rudower Bauer, dem der Acker nahe der Sektorengrenze gehörte, war zu einem Pachtvertrag bereit. Im August 1954 begann auf dem Mietgelände der Bau der Anlage. Harvey ließ – schlecht einsehbar – Gebäude errichten, darauf – gut sichtbar – Antennenattrappen, Ausgangspunkt des Tunnelbaus 300 Meter bis zur noch nicht gemauerten Grenze und weitere 150 Meter bis zum östlichen Straßenrand der Schönefelder Chaussee. Die amerikanischen Mineure, die diesen besonderen Tunnelbau in den USA zuvor geübt hatten, wühlten sich, an der Oberfläche selbstverständlich unsichtbar, in den Ostsektor hinein und sicherten sofort die Tunneldecke ab. Auch an Belüftung, Entwässerung und Sprenglöcher zur Selbstzerstörung war gedacht. Unter der Schönefelder Chaussee schlug hinter Stahltüren das Herz der Anlage, der Raum mit den Abhörgeräten. Durch einen Schacht fingerte von dort ein Kabel hinauf zur angepeilten Fernmeldeleitung. Der Bodenaushub, an die 3000 Tonnen, gelangte geheim durch das Tor der „Radarstation“ hinaus, englische Abhörtechnik hinein – und schließlich das Abhörkommando.

Bei CIA und SIS konnte man sich auf die Schultern klopfen, denn was ab 25. Februar 1955 das Versteck unter der Frontstadt des Kalten Krieges an Informationen lieferte, ließ sich hören: Telefongespräche und Fernschreiben en masse. Kilometer an Tonbändern wurden bespielt, Lochkarten gestanzt. An die Magnetstreifen machten sich in London 317 Übersetzer und Übersetzerinnen, an die Entschlüsselung der Codes auf den Lochkarten ein 350-köpfiges Team in Langley. Täglich erging Bericht an die US-Regierung. An die 50 000 Tonbandspulen wurden bespielt; das bedeutete etwa 365 000 Telefonate mit einer Gesamtdauer von 40 000 Stunden, die Wort für Wort an Schreibmaschinen getippt wurden. Hinzu kamen Telexbotschaften im Umfang von tausend Metern Lochstreifen, Loch um Loch dechiffriert. Bis September 1958 saß man an der Auswertung der Informationen – die schon, wie eingangs festgestellt, seit Berlins regnerischem April 1956 nicht mehr flossen. „Operation Gold“ war auch erledigt.

Allen späteren Versicherungen von CIA und SIS, welch einen Gewinn an Nachrichten sie aus dem Rudow-Altglienicker Geheimdienstversteck zogen, zum Trotz verkauften die Regierungen der DDR und der UdSSR dessen Entdeckung als Erfolg. Präsident Wilhelm Pieck besuchte den Tunnel gleich zwei Tage später, ausländische Reporter erhielten Zugang und ab 3. Mai, wer wollte, täglich von 9 bis 17 Uhr. Ein Film wurde gedreht und an eine Brandmauer in Berlin-Mitte projiziert, gut sichtbar auch in Wedding. In Moskau forderte Ministerpräsident Nikita Chruschtschow (gerade hatte er auf dem XX. Parteitag der KPdSU mit Stalin so geheim abgerechnet, dass am 4. Juni die *New York Times* damit aufmachte) im Brustton der Empörung eine internationale Untersuchungskommission.

Chruschtschow hätte nur George Blake zu fragen brauchen. Der aus den Niederlanden stammende Agent des

Die Situation des früheren Tunneleingangs heute, 2022

britischen Geheimdienstes MI6 spitzelte auch für den sowjetischen KGB. Im Jahr 1961 verriet ihn ein in die USA übergelaufener Kollege, und bei seinem Verhör in London überraschte Blake die Secret Services: Schon vor dem ersten Spatenstich hatte er den KGB auf den Geheimtunnel aufmerksam gemacht. Die sowjetischen Stellen sahen die unterirdischen Mühen von CIA und SIS mit geheimer Freude, vermochten sie doch, auf dem angezapften Kanal den Feind von ihrer Friedfertigkeit zu überzeugen und auf falsche Fährten zu führen. Und war es politisch opportun, konnten sie den Tunnel „hochgehen" lassen. So geschehen am 22. April 1956. Heute stehen auf dem Gelände der einstigen „Radarstation" am Mozartring Eigenheime. Das letzte Tunnelsegment wurde 2005 im Zuge des Baues der Bundesautobahn 113 weggebaggert.

Der Lord Chief Justice verurteilte George Blake 1961 zu der enormen Freiheitsstrafe von 42 Jahren, die er im Londoner Gefängnis Wormwood Scrubs ableisten sollte. Nach fünf Jahren aber war er verschwunden. Ein entlassener und zwei

Mithäftlinge hatten ihm bei der Flucht geholfen. Die drei hätten Blakes Strafe zu hart gefunden, gaben sie zu Protokoll. Der Spion floh über die DDR nach Moskau und setzte sich zur Ruhe. Generalsekretär Nikita Chruschtschow verlieh ihm den Leninorden, Präsident Wladimir Putin 2007 den Orden der Freundschaft. Im Dezember 2020 starb Blake, 98 Jahre alt.

William King Harvey, der Vater des Berliner Geheimtunnels, zog 1960 zurück in die USA, wo mit Blick auf Kuba neue Aufgaben auf ihn warteten. Im Jahr 1968 trat er in den Ruhestand, acht Jahre danach starb er im 60. Lebensjahr.

Drei Meter unter der Mauer

Max und Elisabeth Thomas

Die Bernauer Straße, der Grenzpfad zwischen Mitte und Wedding, war in den 1960er-Jahren eine feste Adresse von Stadtrundfahrten. Zugemauerte Fenster und Türen von Wohnhäusern, abgebrochene Obergeschosse, Gedenkkreuze für unglückliche Flüchtlinge kitzelten den Schauer der Touristen. So schaute er also aus, der „Schutzwall“, der so antifaschistisch, wie propagiert, nie war. Kein Fall ist bekannt, dass einer der in der Bundesrepublik Deutschland in Justiz, Ministerien oder Verwaltung gut dotiert amtierenden alten Nationalsozialisten sein Heil im real sozialistischen Nachbarstaat gesucht hätte.

Nein, die innerdeutsche Grenze wurde zuallermeist in der entgegengesetzten Richtung passiert. Die etwa 2,8 Millionen Menschen, die in den annähernd zwölf Jahren nach der Gründung der Deutschen Demokratischen Republik 1949 in die Bundesrepublik oder nach Berlin (West) flüchteten, hatten andere Motive oder gaben sie vor. Mehr als die Hälfte der nach ihrer Ankunft in den Notaufnahmelagern Befragten konnte sich nicht mit den politischen Verhältnissen in ihrer Heimat anfreunden, jeder siebte nannte persönliche oder familiäre Beweggründe, und etwa ein Viertel der Geflüchteten erwartete mehr Wohlstand.

Ab Ende Mai 1952 erschwerten entlang der ehemaligen Zonengrenze auf der Seite der DDR ein Schutzstreifen von 500 und eine Sperrzone von 5 000 Metern Breite den Grenzübertritt zwischen ihr, der Bundesrepublik und den Westsektoren Berlins. Schwer zu kontrollieren waren nur noch die 77 Übergänge innerhalb der Viersektorenstadt Berlin. Am 13. August 1961 war auch das vorbei. Dreizehn Kontrollpunkte blieben übrig, auf Dauer nur acht. Diplomaten durften alle Übergänge benutzen, Personal der Alliierten nur den Checkpoint Charlie, Bundesbürger nur die Heinrich-

Heine- und den Bahnhof Friedrichstraße. West-Berliner konnten vom 26. August 1961 bis 3. Juni 1972 – außer an den Feiertagen 1964, 1965 und 1966, an denen es Passierscheine gab – die innerstädtische Grenze gar nicht mehr passieren, Menschen aus der DDR und deren Hauptstadt bis 9. November 1989 erst recht nicht. Freilich gab es Ausnahmen. Die bekannteste: Männer und Frauen im Rentenalter. Sie durften ab 9. September 1964 die DDR nach Westen verlassen.

Ausgerollte Stacheldrahtbahnen, bewaffnete Posten, dann die berüchtigte Mauer mit Beobachtungstürmen und Todesstreifen machten die deutsche Teilung unübersehbar. Auch unüberwindlich? Die Fotos des Volkspolizisten Conrad Schumann, der am 15. August 1961 bewaffnet und in voller Montur über das stachlige Drahtgestrüpp sprang, und von Peter Fechter, der ein Jahr und zwei Tage später vor der Betonmauer verblutete, gaben unterschiedliche Antworten. Sie gingen um die Welt.

Was sich den Kameras der Journalisten entzog, waren die Fluchtversuche unter der Mauer hindurch. Bekannt wurden 75 Fluchttunnel, der früheste führte von Kleinmachnow nach Zehlendorf, gegraben an der Straße An der Stammbahn in der Nähe des S-Bahnhofs Düppel (1980 geschlossen) und am 12. Oktober 1961 tatsächlich genutzt. Der letzte, an der Isländischen Straße 11 in Prenzlauer Berg, wurde am 20. April 1982 verraten, ehe er fertiggestellt war.

Ein Tunnel von Glienicke/Nordbahn nach Frohnau fand am 18./19. Mai 1962 den Weg in West-Berlins Medien. Nur kurz, denn Fluchtversuche gehörten zum Tagesgeschehen. Zeitungen, insbesondere die aus dem Hause Springer, und RIAS sowie der Sender Freies Berlin berichteten davon in rascher Folge. Der Stollen nach Frohnau aber wies eine Besonderheit auf. Es waren nicht, wie sonst, junge, sondern betagtere Menschen, die ihn angelegt hatten. Der 81-jährige Max Thomas, Initiator des Projekts, meinte: „Ich wollte meinen Lebensabend in Freiheit beschließen. Nicht einmal begraben möchte ich drüben sein." Thomas' Worte passten der *B.Z.* für die Titelseite. Triumph, hier bezeugte ein weiterer Bürge, dass es sich unter dem „Zonenregime" nicht leben ließ. Der liberalere *Tagesspiegel* brachte darüber keine Zeile.

Der Tunnel wäre vermutlich gar nicht gebaut worden, hätten Max Thomas und seine Frau Elisabeth ihre jüngeren Nachbarn in der Oranienburger Straße 13 bei einer unterirdischen Fluchtaktion am 24. Januar 1962 begleiten dürfen. Die jungen Tunnelbauer meinten jedoch, die Alten seien den Strapazen nicht gewachsen, und ließen sie nicht mitmachen. Das forderte den Gegenbeweis heraus. Drei Monate später. In der Oranienburger Straße 22 (heute Oranienburger Chaussee), hart an der Grenzmauer.

Wo im Wohnhaus oder in den Nebengebäuden sollten Max Thomas und seine fünf Helfer zu graben beginnen? Max sägte die Dielen in seinem Wohnzimmer auf und testete die Erde unter dem Fundament. Ungeeignet. Er reparierte den Fußboden provisorisch und schob einen Sessel darauf. Dann kam ihm die Idee mit dem Tännchen als Tarnung. Mehrmals pflanzte er unter den Augen der Grenzer den kleinen Baum auf seinem Grundstück um. Am Ende fand er den lockersten Boden unter dem Hühnerstall. Am 20. April 1962 ging es hinein ins Erdreich. Drei Meter tief. Zehn bis vierzehn Stunden wühlten sich die 55- bis 81-jährigen Mineure täglich gen Westen und kamen dabei jedes Mal zwei Meter voran. Der Boden war stabil, der Stollen brauchte nicht ausgesteift zu werden, das Gewölbe wurde mit Lehm verschmiert, eine Lichtleitung verlegt – auch zur Warnung. Wenn die Wache oben im Wohnhaus die Lampen ausschaltete, wussten die unter der Erde, dass sich die Grenzpatrouille näherte. Hatte sie sich entfernt, verbrachten die Erdarbeiter den Aushub, insgesamt etwa 4000 Eimer voll, über Seilwinde und Karren in einen ungenutzten Schuppen und deckten den wachsenden Haufen mit Säcken und Stroh ab. Den Tunnelquerschnitt gestalteten sie geräumig, den

SEITE 4 - BERLINER MORGENPOST — BEZIRKSSEITE

Zwölf ältere Berliner bauten einen Tunnel

Der Senior der Flüchtlingsgruppe ist 81 Jahre alt

Einen Bummel über den Kurfürstendamm machten gestern diese fünf, die am 5. Mai durch einen selbstgebauten Tunnel zusammen mit sieben anderen Flüchtlingen nach West-Berlin kamen.

„Ich möchte da drüben nicht einmal beerdigt sein." Mit diesem vernichtenden Urteil über Ulbrichts Arbeiter- und Bauernparadies begründete gestern der 81jährige Max Thomas seine Flucht in einer Pressekonferenz der „Berliner Häftlingskreise".

Max Thomas ist der Senior einer waghalsigen Gruppe von 12 Berlinern, die unter Stacheldrahtverhauen und Minenfeldern hindurch einen 32 Meter langen Tunnel nach West-Berlin in die Freiheit gruben.

Zwischen 50 und 80 Jahre alt sind die anderen Mitglieder der kleinen Gemeinschaft, die Ende April im Hühnerstall von Opa Thomas mit der Buddelei begann. „Ingenieur" nennt die Gruppe heute den schwerkriegsbeschädigten Kraftfahrer, der mit sicherem Instinkt die technischen Einzelheiten des „Unternehmens Tunnelbau" plante.

4000 Eimer Erde

Mit Pickel, Spaten und einem alten Seitengewehr arbeitete man sich durch den sandigen Lehmboden. An die 4000 Eimer Erde zogen zwei 70jährige aus dem Schacht und karrten sie zu einem nahen Schuppen.

„Die Vopos dachten, wir bauen da eine neue Toilette", erzählten sie gestern.

Im Hause hielt Opa Thomas Wacht. Näherte sich eine Polizeistreife, so schaltete er die Tunnelbeleuchtung ab, und sofort stellten die „Maulwürfe" drei Meter tief in der Erde die Buddelei ein.

Die Frauen der Gruppe sorgten für die Verpflegung.

Auf den letzten Metern des Stollens kämpften sich die Männer, ständig nach Luft japsend, Zentimeter um Zentimeter vorwärts.

Heißersehnter Augenblick

Am Abend des 5. Mai kam dann der heißersehnte Augenblick: „Ingenieur" B. durchstieß einige Meter hinter dem letzten Stacheldrahtzaun die Rasendecke. Der 81jährige Max Thomas betrat als zweiter Westberliner Boden.

Die 12 Flüchtlinge erinnern sich heute: „Wir waren völlig erschöpft und sahen aus wie die Räuber." Bei Bekannten wurde die gelungene Flucht gefeiert.

„Vor dem Mauerbau hofften wir noch, daß es uns doch einmal besser gehen würde. Aber der 13. August hat uns dann die Augen endgültig geöffnet. L. R.

Gesund durch Harmonie

Bruder Paul ist der älteste Sozialpfleger Berlins

Berlins ältester Sozialpfleger ist ein kurioser Mann – urwüchsig und dabei feingeistig. Bruder Paul mit dem zivilen Namen Paul Kühn ist so alt wie der Bundeskanzler und dabei springlebendig. Aus dem gebürtigen Pommer wurde ein Berliner aus Zuneigung. In Schöneberg schätzt man schon seit 30 Jahren seine menschenfreundliche Art.

Neben dem Trost, den Bruder Paul im Außendienst spendet – er berät in Wohlfahrtsangelegenheiten, macht dem Schöneberger Bezirksamt Mitteilung über die Bedürftigkeit der ihm Anvertrauten – hat der weise Mann die Vorliebe zu innerer Einkehr. Diese lehrt er nebenberuflich.

„Ich lehre die Harmonie zu üben, denn dadurch bleibt man gesund und wohlerhalten."

Der 86 Jahre alte Herr sieht aus wie ein Erzvater. Er hat einen schlohweißen Bart, den er liebevoll pflegt.

„Was ist das Geheimnis Ihrer langen Jugend?" fragte ich den Bruder, den ich durch sein Büchlein „Geistige Lebenserneuerung" kennengelernt habe.

„Ich esse jeden Morgen eine Pille. Diese Pille heißt Harmonie."

Bruder Paul mischt sich seine Morgengabe aus Demut, Sanftmut und Geduld – sein dringlich empfohlenes Rezept.

Im kleinen Café am Viktoria-Luise-Platz beschämt mich das Herz des Bruders beim Kaffeetrinken. Er verträgt drei Tassen ohne Milch und bewahrt dabei die Ruhe.

Der Lebenslauf meines Tischherrn ist skurril. Exakten Daten folgen Lebensabschnitte, bei denen jedes Personalbüro hilflos würde.

Seit 1905 ist er Forscher auf geistigem Gebiet.

1908: Ehrenamtlicher Vormund Unmündiger oder Entmündigter.

1914: Meine hellseherischen Zu-

Vopos schickten Ausreißer zurück

Drei 14jährige Schüler aus einem Dahlemer Jugendheim wurden in der

Berliner Morgenpost vom 19. Mai 1962

Ausgang bequem als Rampe. Sie waren ja nicht mehr die Jüngsten und Schlankesten. Die Höhe von etwa 1,20 Meter und Breite von 80 Zentimetern erlaubten eine, wenn auch gebückte, relativ komfortable 32 Meter weite Fluchtstrecke.

Heutige Situation der Oranienburger Chaussee 22, 2023

Und fragte einmal ein Grenzpolizist nach dem Zweck der Erdarbeiten, erhielt er „Erneuerung der verstopften Abwasserrohre" zur Auskunft. Ihrer neugierigen Untermieterin machte Elisabeth Thomas weis, sie bauten den Stall zu einer Toilette um. Nach sechzehn Tagen war das Tunnelbauwerk fertig. In der Nacht des 5. Mai verließen elf ältere Menschen die DDR, und ein 16-Jähriger schloss sich ihnen an. Um null Uhr waren alle durch und „drüben" im französischen Sektor.

Wir sind darüber so genau im Bilde dank der Interviews, die das Ehepaar Thomas und ihre Freunde gaben, und aus den Unterlagen der Hauptabteilung I des Ministeriums für Staatssicherheit, die das Bundesarchiv aufbewahrt. Sie dokumentieren, wie die Grenzaufklärung Berlin das Versteck der Flüchtlinge fand. Die Untermieterin hatte dem Glienicker Bürgermeister gemeldet, dass das Ehepaar Thomas nicht mehr da war, und der gab die Nachricht ordnungsgemäß weiter. Am 7. Mai mittags besahen sich der Leiter der Grenzaufklärung, ein Major Völkers, und sein Stellvertreter den Schaden. Detailliert beschrieben sie den Tatort und mutmaßten: „Die Bauzeit des Stollens beträgt nach unserer Schätzung mindestens zehn Wochen.“ Elf Tage blieb der Tunneleingang einladend offen, beobachtet von drei Grenzpolizisten im Schichtdienst, und diese beobachtet von Frohnauer Polizeibeamten. Niemand tappte in die Falle, am 18. Mai schippten Grenzpolizisten den Eingang zu. Der Fluchtweg war nun unbrauchbar, West-Berlins Polizei konnte jetzt die Presse informieren. Schon Stunden später berichtete der abends erscheinende *Kurier* darüber.

Spuren hat das Tunnelunternehmen nicht hinterlassen. Im Herbst 1963 wurden Haus, Schuppen und Grundstück planiert, um auf dem Grenzstreifen freiere Sicht zu gewinnen. Heute befindet sich dort ein Parkplatz.

In einer konspirativen Wohnung

Dieter Kunzelmann

Am 2. November 1969 stieg Erich Schimmang, ein äußerlich gut situierter Herr mit Schnauzer, hoher Stirn und Brille, aus München kommend die Gangway der Pan-American-Maschine hinab, ging mit den anderen Passagieren unter dem weit auskragenden Dach des Flughafens Tempelhof ins Empfangsgebäude und nahm sein Gepäck in Empfang. Er wusste: Keinen Polizisten kümmerten seine Papiere. So sehr auf den Interzonenstrecken nach Berlin kontrolliert wurde, so grenzenlos frei reiste es sich über den Wolken. Schimmangs Adresse in West-Berlin war geheim, eine Vierzimmer-Altbauwohnung in der Nollendorfstraße 13/14, konspirativ angemietet, sein Versteck für die nächste Zeit. Denn Vorsicht war geboten. Hunderte Verfahren gegen Mitglieder der Außerparlamentarischen Opposition waren anhängig, und erst im Oktober 1969 hatte das Landgericht Berlin eines wegen „Widerstands gegen die Staatsgewalt" gegen jenen honetten Flugpassagier aus München nur deshalb eingestellt, weil er „zuletzt wohnhaft in Berlin 21, Stephanstr. 60, – zur Zeit unbekannten Aufenthalts" war. Der wahre Name des Herrn: Dieter Kunzelmann.

Der 30-jährige gebürtige Bamberger war eines der bekanntesten Enfants terribles der bewegten späten Sechzigerjahre, ein Querulant bis ins Alter. Nach Gymnasialbesuch und Banklehre, beides abgebrochen, machte er sich in München einen Namen mit originellen Happenings und kreativen „situationistischen" Aktionen („Wer in Politik, Staat, Kirche, Wirtschaft, Militär, Parteien, soz. Organisationen keine Gaudi sieht, hat mit uns nichts zu tun."). Als sich die „Situationisten" auflösten, suchten Kunzelmann, seine Freundin Dagmar Seehuber und andere Münchener Kontakt zu Mitgliedern des Sozialistischen Deutschen Studentenbundes (SDS) in Berlin, allen voran Bernd Rabehl,

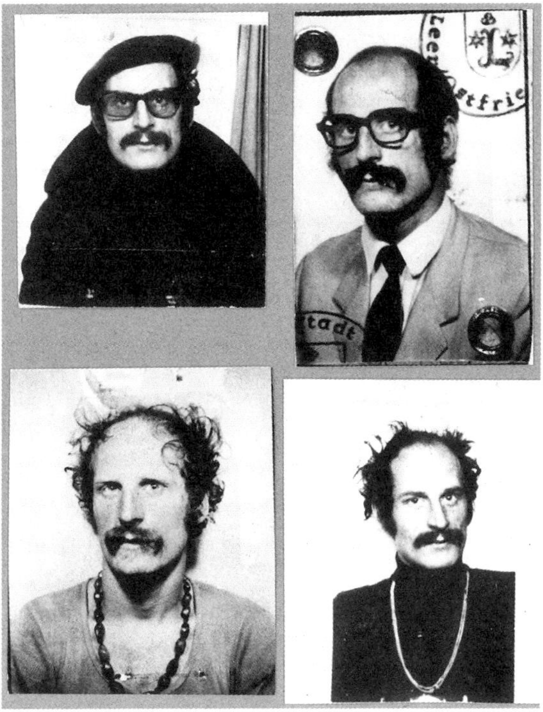

Dieter Kunzelmann auf verschiedenen (Pass-)fotos, 1971

Rudi Dutschke und seine spätere Frau Gretchen Klotz. Zur Erprobung alternativer, anarchischer Lebensart planten sie eine Kommune – in Berlin. Dorthin zog Kunzelmann im Spätsommer 1966, schweren Herzens, denn München erschien ihm „eine wesentlich lebendigere und attraktivere Stadt als Berlin, das von den Spuren des Krieges und der Teilung“ gezeichnet war. Die Kommune I, am 1. Januar 1967 in Wohnräumen der Schriftsteller Hans Magnus Enzensberger und Uwe Johnson in Friedenau begonnen, mehrfach umgezogen und zuletzt in einem Moabiter Fabrikgebäude, Stephanstraße 60, im Jahr 1969 aufgelöst, wurde legendär: eine Provokation des Bürgertums, zum Ende hin (mit Rainer

Nollendorfstraße 13/14 in Berlin-Schöneberg, 2022

Langhans und Uschi Obermaier) wenig mehr als eine sich vermarktende Hippie-Ikone, aber auch Vorläufer heutiger (weitaus biedererer) Wohngemeinschaften.

Die Kommune, mit Andreas Baader und Ulrike Meinhof als gelegentlichen Gästen, diskutierte Gewalt als politisches Mittel, und auch Kunzelmann wollte es beim Eier- und Steinewerfen nicht belassen. Im Herbst 1969 ging er mit Freunden und Freundin nach Jordanien, um von der Fatah Bombenbauen und Schießen zu lernen, Kunzelmann mit zweifelhaftem Erfolg: Er zielte schlecht. Ende Oktober ging es zurück nach München und für Herrn „Erich Schimmang" per Pan American nach Berlin-Tempelhof. In der Nollendorfstraße 13/14 wohnte er nun zusammen mit ebenfalls aus Jordanien zurückgekehrten Freunden. Konspirativ versteckt.

Die Gruppe machte sich daran, aus ihrem Versteck heraus nach uruguayischem Vorbild eine revolutionäre Stadtguerilla zu rekrutieren, die „Tupamaros Westberlin", und sie wurde mit Bombenanschlägen auch bald aktiv, im KaDeWe, im Amerikahaus, dem Büro der israelischen Fluggesellschaft

El Al, auf dem Juristenball im Palais am Funkturm und im Kammergericht am Lietzensee. Ein Anschlag, der misslang, erregte besonderes Aufsehen. Er war für den Gedenktag des 9. November im Jüdischen Gemeindehaus in der Fasanenstraße 79/80 vorgesehen. Am Morgen danach tickte die Bombe immer noch. Eine Reinigungskraft hörte sie unter einem Getränkeautomaten. Sie war funktionsunfähig. Die Medien sahen darin eine antisemitische Tat. Kunzelmann auch. Nach ihm und zwei anderen Tatverdächtigen fahndete nun die Polizei. Tatsächlich aber hatte die Bombe ein Agent des Verfassungsschutzes geliefert. Der gesuchte Kunzelmann meldete sich in der von Linken viel gelesenen Zeitschrift *Agit 883* mit einem „Brief aus Amman", den er aus Jordanien Mitte November 1969 geschickt zu haben vorgab. Getippt hatte er ihn in der Nollendorfstraße: „Ohne Kampf versacken wir im liberalen Morast, der sich in unserer Gegengesellschaft breit macht."

Zu Kunzelmanns Gründungen gehörte ferner der „Zentralrat der umherschweifenden Haschrebellen", der vor allem in der Wohnung des Rechtsanwalts Otto Schily in der Charlottenburger Wielandstraße 14 tagte. Es ging den Kiffern nicht um die Legalisierung von Joints, sondern darum, mit Cannabisblüten in gedrehtem Zigarettenpapier gegen das Establishment zu protestieren.

Damit Kunzelmann sich bei Gefahr verteidigen konnte, brachte man ihm einen Trommelrevolver, und gleich der erste Schussversuch in der Nollendorfstraße ging buchstäblich in die Hose. „Da ich in meiner Unbedarftheit den Lauf der Waffe nicht von mir abgewandt hielt, hätte ich mir beinahe ein Ei weggeschossen." Die Kugel „streifte meinen Sack. Es gelang nur mit Mühe, die heftigen Blutungen zu stillen. Nach diesem Vorfall habe ich nie wieder eine Waffe angefaßt."

Eine Zeit lang erwog Kunzelmann, aus Berlin zu fliehen, doch als ihn Freunde ins Ausland bringen wollten, überlegte er es sich noch einmal: „Wer die Revolution im eigenen Lande nicht vorantreibt, landet im Müllhaufen der Geschichte." Je länger Kunzelmann sich im sicheren Versteck aufhielt, je mehr der Oberfranke seiner Tarnung und personalausweislich gefälschten Identität als Ostfriese vertraute, desto mutiger traute er sich heraus. Er wagte es sogar, einen Freund in der Haftanstalt Moabit zu treffen. „Schimmang, Erich" trug der Pförtner in die Besucherliste ein.

Auf den 19. Juli 1970 freute sich Kunzelmann besonders. Seine aktuelle Freundin Ina Siepmann, in Jordanien geblieben und gerade auf Heimaturlaub, hatte sich bei ihm angekündigt. Mit der gleichen Spannung wie er sah auch der aus Nordrhein-Westfalen instruierte Berliner Staatsschutz in Tempelhof der Landung des Flugzeugs aus Düsseldorf entgegen. Und wirklich, kaum hatte der Verdächtige freudig das Empfangsgebäude betreten, sprachen die Beamten ihn an. Er stritt ab, derjenige zu sein, für den sie ihn hielten. Erst ein Vergleich seiner frischen Fingerabdrücke mit den vorhandenen in der Polizeidirektion Gothaer Straße machte ihm bewusst: „Diesmal mußt du dich auf einen längeren Zwangsurlaub einstellen." Die Anklage lautete auf menschengefährdende Brandstiftung und Urkundenfälschung. Erst am 26. Oktober 1971 begann sein Prozess in Berlin-Moabit, am 6. Dezember erging das Urteil: neun Jahre und einen Monat Gefängnis. Sein Anwalt Hans-Christian Ströbele erreichte eine Revision des Verfahrens. Am Ende stand eine Freiheitsstrafe von vier Monaten wegen des gefälschten Ausweises. Wegen Brandstiftung, Sachbeschädigung und Beleidigung des Staatsanwalts ein weiteres Mal verurteilt, dauerte der „Zwangsurlaub" hinter Tegels Mauern dann doch länger.

Rückblickend betrachtete Kunzelmann die Zeit im Gefängnis als „Glücksfall", denn in Freiheit hätte er sich gewiss der Roten Armee Fraktion (RAF) um Baader und Meinhof angeschlossen – mit ungewissem Ausgang für sein Leben. Nach seiner Haftentlassung saß er zwei Jahre für die Alternative Liste (heute: Bündnis 90/Die Grünen) im Berliner Abgeordnetenhaus. Eierwürfe auf den Regieren-

Dieter Kunzelmann mit seinem Verteidiger Hans-Christian Ströbele im Kriminalgericht Moabit nach dem Urteilsspruch, 6. Dezember 1971

den Bürgermeister Eberhard Diepgen, dem er im Gerichtssaal zusätzlich ein märkisches Landei auf den Kopf drückte, brachten ihm 1995 noch eine Gefängnisstrafe ein. Er entzog sich ihr und schaltete 1998 seine eigene Todesanzeige. Wieder auferstanden, trat er schließlich seine Haft an. Am 9. Mai 2018 starb er tatsächlich.

Im Haus für geschlagene Frauen

„Margit Stiefel"

Erst kürzlich wurde ein Versteck zur historischen Stätte, das – entgegen anderen Häusern seiner Art – nicht länger versteckt zu werden braucht. Am 29. September 2022 erhielt das Haus Richard-Strauss-Straße 22 eine zweite „Berliner Gedenktafel". In der Villa lebte nicht nur der Rechtsanwalt Max Alsberg (ihm ist die erste Ehrentafel von 2001 gewidmet), hier war auch das „Haus für geschlagene Frauen", das erste deutsche Frauenhaus. In den Räumen der Grunewald-Villa fanden ab 1. November 1976 Opfer männlicher Gewalt Versteck, Schutz und Hilfe. Die Einrichtung existierte bis Dezember 2000.

„Margit Stiefel", so ihr Deckname, war die Erste, die um Einlass bat, schon bevor das Asyl offiziell öffnete. Zitternd und verstört stand die 29-jährige Mutter eines Kindes und Gattin eines Oberamtsrats vor der Pforte. Er hatte ihr Geld, Schlüssel, Papiere – und das Kind – weggenommen. Zwei Frauen übernachteten mit ihr in der großen, noch unbewohnten Villa. „Seit drei Tagen irrte sie durch Berlin", schrieb Alice Schwarzer in einer Reportage für ihre Zeitschrift *Emma* vier Monate nach Öffnung des Hauses. „Ein fremder Mann hatte sie für eine Nacht aufgenommen und vergewaltigt. Ihr eigener schlägt sie seit Jahren mehrere Male in der Woche und mißbraucht sie meist anschließend. Hinterlassen seine Schläge Spuren, sperrt er sie solange ein, bis nichts mehr zu sehen ist. Margit blieb ein paar Wochen, trank aber so stark, daß sie im Haus eine Entziehungskur machen sollte. Darum ging sie zurück – zu Mann und Alkohol. Nicht wenige der geschlagenen Frauen schlucken Tabletten oder Alkohol. Polizei, Richtern und Jugendamt gegenüber versuchen die Männer, das zum Nachteil der Frauen auszuspielen. Sie vergessen nur eines: Daß die Sucht in den seltensten Fällen Anlaß der Prügelei war, sondern ihre Folge."

Ein Schicksal unter vielen. Sexuelle Gewalt: Das Thema war tabu – und ist Realität bis heute. Geschätzt alle 45 Minuten misshandelte im Jahr 2022 ein Mann in Deutschland seine „Geliebte“, jeden dritten Tag wurde eine ermordet. Die öffentliche Meinung der Sechzigerjahre hatte keine Meinung dazu. Erst Anfang der Siebziger wagten sich Stimmen hörbar hervor, prononciert die von Erin Pizzey. Das von ihr 1971 in London ins Leben gerufene „Battered Wives' Refuge“, weltweit das erste Frauenhaus, stand Modell für ein gleiches Unternehmen in Berlin (West). Eine Initiativgruppe von Frauen, die im Sozialbereich arbeiteten, von Erzieherinnen und Hausfrauen, machte sich dafür stark. Die Notwendigkeit war virulent: Vor dem 72 Quadratmeter großen ehemaligen Kartoffelladen, den das im November 1972 gegründete Frauenzentrum der autonomen Frauenbewegung in der Kreuzberger Hornstraße 2 gemietet hatte, baten immer häufiger Opfer häuslicher Gewalt um Hilfe. Doch ging es den Initiatorinnen nicht nur darum, die Frauen (und Kinder) vor der Brutalität ihrer Männer (und Väter) zu schützen, sondern ihnen darüber hinaus das Rüstzeug zu geben, ihr Leben ohne ihre Ehemänner selbstständig zu führen. Die individuellen Schicksale der Gepeinigten verkörperten ja ein gesellschaftliches Problem.

Nur fehlte in der Gesellschaft noch das Problembewusstsein bis hinauf zu denen, die zuständig gewesen wären. Ein Frauenhaus, wozu?, fragte die Bundesministerin für Jugend, Familie und Gesundheit Katharina Focke. Wozu?, fragte auch Ilse Reichel, ihre Kollegin im Senat von Berlin. Dann aber, nach einer medienwirksamen Kampagne des Frauenzentrums, gewährte das Bundesministerium im Herbst 1976, kurz vor den Bundestagswahlen, doch die ersten 450 000 DM für einen dreijährigen Modellversuch.

Den Betreiberinnen des Hauses war wichtig, es autonom verwalten zu können, also unbeaufsichtigt von staatlicher Stelle und dennoch mit öffentlicher Förderung. So ließen sie den „Verein zur Förderung des Schutzes mißhandelter

BERLINER MORGENPOST

Frauenhaus war schon vor Eröffnung belegt

Ohne Schlüsselübergabe, ohne offizielle Reden wurde gestern das „Frauenhaus“ in unserer Stadt eröffnet. Feierlichkeiten waren tatsächlich nicht notwendig; denn vor dem offiziellen Öffnen der Tür zu dieser Zufluchtsstätte für mißhandelte Frauen waren hier bereits acht Mütter mit ihren 14 Kindern untergekommen, weitere kamen gestern dazu.

Das für etwa 80 Personen — Mütter mit ihren Kindern — zugeschnittene Heim gehört zum Modellprogramm des Bundesministeriums für Familie, Jugend und Gesundheit; es ist das erste seiner Art in der Bundesrepublik Deutschland. Die BERLINER MORGENPOST hat ausführlich darüber berichtet. Vorbild waren ähnliche Institutionen in England und Schweden.

Wieviel Frauen mit ihren Kindern von Ehemännern oder Lebensgefährten mißhandelt werden — darüber gibt es keine genauen Zahlen. Fest steht, daß nur die wenigsten Fälle familieninterner Brutalität bekannt werden. „Auf die Frage, warum wir nicht selbst längst derartige Institutionen geschaffen haben, läßt sich nur so beantworten: Das können nur Frauen selbst bewältigen“, sagte Adolf Straub von der Senatsabteilung für Familie, Jugend und Sport.

Eine dieser Frauen, die das selbst machen, ist die SPD-Bundestagsabgeordnete Angela Grützmann. Sie macht sich keine Illusionen darüber, wie diese neue, notwendige Einrichtung in der Öffentlichkeit beurteilt wird. „Es ist ganz klar, daß das Frauenhaus kritisch beäugt werden wird. Es ist nur zu hoffen, daß alle Beteiligten, die mit soviel Elan an die Sache herangegangen sind, bei der Stange bleiben. Bisher war alles Theorie, jetzt müssen wir das in der Praxis ausprobieren. Wir werden Gespräche führen müssen, mit Polizisten und Sozialarbeitern und vielen anderen, um für das Frauenhaus um Verständnis zu werben. Ich werde mich bemühen, Kontakte zu schaffen, denn mit dem Danebenstehen und Fromme-Reden-Halten ist diese Frage nicht zu lösen.“

ewe

Berliner Morgenpost vom 2. November 1976

Frauen“ eintragen. Dieser Trägerverein verbuchte die privaten und vor allem die regelmäßigen Zuwendungen des Senats und setzte sie zum Besten der Schutz Suchenden ein. Verbände und interessierte Einzelpersonen traten ihm bei.

Das Deutsche Rote Kreuz (DRK) verfügte in der Richard-Strauss-Straße über eine dem Land Berlin gehörende ansehnliche Villa. Dieses Grunewalder Herrenhaus, nunmehr Frauenhaus, hatte eine bewegte Vergangenheit.

Die Architekten Alfred Breslauer und Paul Salinger entwarfen es für den Schraubenfabrikanten Arthur Victorius, der es 1914 mit seiner Frau Helene bezog. Sie starb Ende desselben Jahres 39-jährig, fast sieben Jahre vor ihrem Mann. Von 1925 bis 1933 lebte hier der jüdische Staranwalt Max Alsberg. Im April 1933 emigrierte er nach Graubünden. Seine Verzweiflung raubte ihm den Lebensmut. Er erschoss sich am 11. September in einem Sanatorium. Seine Witwe Ellinor ging 1939 nach England. Für die Villa und das Grundstück erhielt sie nach dem Krieg eine Entschädigung. Flüchtlinge fanden dort eine Unterkunft. Das DRK nutzte das Haus als Heim, dann stand es leer. Das Land Berlin übergab es dem Verein für misshandelte Frauen.

Die 660 Quadratmeter in der noblen Villa mit ihren dreizehn Wohn- und Schlafräumen à zehn Betten waren schnell belegt. Der größte Raum maß zwanzig Quadratmeter. Auf dem Boden lagen Matratzen für bis zu fünfzehn Frauen und ihre Kinder. Es wurden Stockbetten aufgestellt. Binnen der ersten drei Monate durchliefen das Haus 193 Frauen mit etwa 300 Kindern, im Funkwagen oder Taxi gebracht, vom Arzt geschickt, vom DRK oder aus eigenem Antrieb. Allerdings war das Haus nur bedingt ein geheimer Zufluchtsort für geschlagene Frauen. Seine Telefonnummer erhielt man unter 118 von der Auskunft gesagt. *BILD* berichtete auf ihre Weise, ohne Rücksicht zu nehmen. Eine Reporterin schleuste sich gleich am 7. November als „Opfer" ein, und am nächsten Tag titelte die Zeitung: „Frauenhaus: Ich war froh, als ich draußen war." Schlimm sei es gewesen. Wohin die Reporterin sah, Frauen. „Die einen starren stumpfsinnig vor sich hin, im Mundwinkel eine Zigarette. Vor sich auf dem Tisch eine Kaffeetasse. Die anderen prügeln sich mit Worten." Schlimm gebärdeten sich verlassene Männer. Am 12. März 1977 protokollierte der Telefondienst des Hauses: „20.30 Uhr: Ein Herr läutet an. Er will das Haus in die Luft sprengen, sich aber zeitlich nicht festlegen. Gabi informiert die Polizei. 21.45 Uhr: Ein Herr ruft an. Er steht mit einer Pistole in der Tele-

Richard-Strauss-Straße 22 in Berlin-Grunewald, 2022

fonzelle gegenüber und will sich das Leben nehmen, wenn er nicht mit seiner Frau sprechen kann. 23.15 Uhr: Ein Mann fährt mit einem Fahrrad in unserem Garten. Gabi ruft 110." Diese Drangsal endete erst, als die Verstecke der Frauen strikter geheim gehalten wurden. Die versteckten Frauen teilten sich in sämtliche Arbeiten. Zwanzig Mitarbeiterinnen betreuten, trösteten und motivierten sie, einander zu helfen, sich in Gesprächskreisen im großen Salon zuzuhören, Ratschläge zu geben, Strategien für die Zukunft zu entwickeln.

Das Frauenhaus-Modell, seine emanzipative Funktion hatte Zukunft. Schon in den nächsten Jahren fand es in der Bundesrepublik Nachahmer. Seit September 2023 gibt es in Berlin acht Frauenhäuser mit 477 Plätzen, dazu 30 Plätze in Notfall-Wohnungen, deutschlandweit über 350 Häuser plus vierzig Wohnungen mit zusammen etwa 7 000 Plätzen. Der Europarat empfahl 2006 eine Quote von einem Schutzraum je 10 000 Einwohnerinnen.

Gegen Ende des Jahrtausends schienen die divergierenden Vorstellungen von Feminismus zwischen den Generationen und Antipathien zwischen den Ethnien der Bewohnerinnen unüberbrückbar. Das bedeutete das Aus für das Haus in der Richard-Strauss-Straße Ende 2000. Heute wird es privat bewohnt. Die Denkmaldatenbank freilich konstatierte noch im November 2023, dass „das Bauwerk heute als Frauenhaus" diene.

Im Plattenbau

Susanne Albrecht

„Da haben sich von Berkeley über Tokio bis nach Berlin junge Leute, vor allem Studenten, in kurzer Zeit angesteckt mit einer ungewohnten Empfindlichkeit für die Unmenschlichkeiten um sie her, für die Verarmungen und Entartungen, in die sie das Leben unzähliger Menschen und auch ihr eigenes Leben hineingezwungen sahen. Das Morden in Vietnam, das Hungern und Foltern in Lateinamerika, ebenso die Zustände im nächsten Knast, in der nächsten Fabrik – nichts konnten sie mehr von sich fernhalten, alles rückte ihnen auf die Haut und fragte sie: Muß das so sein? Muß das so bleiben? Was tust Du dazu, daß es so bleibt – oder dazu, daß es geändert wird?"

Von Helmut Gollwitzer stammen diese Worte, dem Theologen, der mit einer seinerzeit seltenen Empathie zu verstehen suchte, was da passierte in der Bundesrepublik Deutschland der Siebzigerjahre. Und er fuhr fort: Die jungen Leute „klagten die guten Dinge ein, die im Grundgesetz unseres Staates versprochen und zur Verwirklichung befohlen sind: Unantastbarkeit der Menschenwürde, freie Entfaltung der Persönlichkeit und Gleichberechtigung aller bei der Gestaltung des Gemeinschaftslebens". Vergeblich jedoch sei dies (Ein-) Klagen gewesen. Zu radikal sei es, habe Bonn erwidert, minimale Reformen ja, aber nein, keinesfalls Grundsätzliches. „Einige von den Jungen drehten durch und schlugen mit Gewaltaktionen zurück, weil sie es für eine Illusion hielten, durch Reformen diese Gesellschaft ändern zu wollen." Terroristen hieß man jene Menschen, die, an der politischen Realität irre geworden, zum ausweglosen Mittel des Mordes an den Mächtigen des Landes griffen. Rote Armee Fraktion (RAF) nannten sie sich selbst. Etwa 1 200 aktive Mitglieder registrierte der Bundesinnenminister im Jahr 1977, nicht mitgezählt diejenigen, die für sie Sympathien empfanden.

Als sich Helmut Gollwitzer so empathisch äußerte, am 20. September 1977, war es gerade sieben Wochen her, dass der Vorstandssprecher der Dresdner Bank und Kanzlerberater Jürgen Ponto in seiner Villa in Oberursel erschossen worden war. Er hatte die Tochter eines engen Freundes am 30. Juli zum Tee empfangen, sie hatte einen Blumenstrauß mitgebracht – und zwei Komplizen. Eine Entführung sollte es werden, ein Mord wurde daraus, so niederträchtig wie kein anderer der RAF. Die zwei Eindringlinge von Oberursel und der Fahrer des Fluchtautos wurden 1985, auch wegen anderer Gewaltverbrechen, zu hohen Freiheitsstrafen verurteilt. Nur nicht die junge Frau mit den Blumen: Susanne Albrecht. Sie war unauffindbar. Dreizehn Jahre lang. Da erst wurde ihr Versteck preisgegeben.

Susanne Albrecht, bei dem Überfall auf Ponto 26 Jahre alt, hatte die Perfidie an ihrem „Onkel Jürgen" nicht begehen wollen. Ihre Gruppe hatte sie unter massiven Druck gesetzt, auch als es nachher um das infame Bekennerschreiben ging. Völlig zermürbt und in Tränen gab sie ihren Namen dafür her und setzte ihn darunter. Eine verzweifelte junge Frau, eines von vier Kindern einer reichen Blankeneser Familie, der Vater Seerechtsanwalt, die Mutter Bibliothekarin mit großem sozialen Herz, das sie offenbar an ihre Tochter vererbt hatte. Susanne studierte unter anderem Soziologie, half in einem Krankenhaus, kümmerte sich um Kinder armer Familien, kämpfte um die Häuser in Hamburgs Hafenstraße, lernte Grundschullehrerin und bestand – Monate vor Pontos Tod – das Erste Staatsexamen. Die Aktionen der RAF hielt sie für gerechtfertigt, und sie wollte daran teilnehmen, soweit man sie, das „bürgerliche Schwein", ließ. Ihr Freund Karl-Heinz Dellwo, beteiligt am Anschlag auf die deutsche Botschaft 1975 in Stockholm, kam lebenslänglich ins Gefängnis.

Nach der Ermordung Jürgen Pontos drohte ihr dasselbe. Doch tauchte sie unter. Einmal noch nahm sie an einer großen Aktion teil, dem fehlgeschlagenen Attentat auf den

Susanne Albrecht (oben links) auf einem RAF-Fahndungsplakat des Bundeskriminalamtes, 1977/78

NATO-Oberbefehlshaber in Europa Alexander Haig 1979. Sonst aber konnte die RAF mit der sensiblen Frau aus bourgeoisem Hause nicht viel anfangen. „Die kann man nicht einmal zum Brötchenholen schicken“, meinte ein brutalerer Genosse. Man war froh, als sie sich damit einverstanden erklärte, ins Ausland zu gehen, nach Frankreich, nach Belgien, in den Jemen – und zuletzt in die DDR.

Den Kontakt zu einem Major im Ministerium für Staatssicherheit (MfS) hatte die RAF-Aktivistin Inge Viett 1978 geknüpft, als sie mit ihren häufigen Nahostreisen auf dem Flughafen Schönefeld auffällig wurde. Ende Mai 1980 sagte der Stasi-Mitarbeiter zu, dass acht Mitglieder der RAF in der DDR Aufnahme finden könnten. Am 1. September reisten sie ein, erhielten im „Objekt 74" des MfS, dem Forsthaus Briesen an der Spree, alles Wichtige für ihr neues Leben, Kenntnisse über die DDR und die Gepflogenheiten des Alltags, vor allem aber ihren neuen Lebenslauf und gefälschte Papiere. Susanne Albrecht hieß fortan Ingrid Jäger, geboren in Madrid am 10. April 1951 (vierzig Tage nach ihrem wahren Geburtstag). Am 8. Oktober 1980 nahm sie die Staatsbürgerschaft der DDR an.

Zuerst wohnte sie in Cottbus, wo sie als Englischübersetzerin arbeitete. In Leipzig erhielt sie ein Diplom als Englischlehrerin. Anfang November 1983 heiratete sie einen Atomphysiker, hieß nun Becker, bekam im Jahr darauf einen Sohn und zog um nach Köthen. Zwei Kollegen erkannten ihr Gesicht 1987 im Westfernsehen, eine neue Wohnung wurde also nötig, kurzzeitig ein Haus in Wandlitz, dann am Rande Berlins in Marzahn, Rosenbecker Straße 3. Um noch sicherer zu gehen, erhielten sie und ihr Mann, dem sie sich nicht offenbaren durfte, im Februar 1988 Arbeit im Vereinigten Institut für Kernforschung zu Dubna nördlich von Moskau. Ihre Urlaube verbrachte die Familie in Marzahn, von der Hauptabteilung XXII des MfS behütet, abgehört und überwacht. Die Drähte der Wanzen in ihrer Wohnung führten zu den Spitzeln fünf Stockwerke über ihnen. Susanne selbst wurde als Inoffizielle Mitarbeiterin „Ernst Berger" geführt, eine schriftliche Verpflichtung wurde nie gefunden. In Marzahn lebte sie unauffällig einen Alltag, der so viel unaufgeregter verlief, als er es zu ihrer Zeit bei der RAF je gewesen war. Sogar Westreisen durfte sie unternehmen. Aber wollte sie das?

Susanne Albrecht lebte unter dem Namen Ingrid Jäger mit ihrer Familie 1989/90 bis zu ihrer Festnahme In der Rosenbecker Straße 3 in Berlin-Marzahn, zweite Etage, rechts, Juni 1990

Die „Wende“ 1989 wendete alles. Susanne Albrechts Kontaktmann zum MfS verabschiedete sich mit den Worten: „Ich kann jetzt nichts mehr für Sie tun.“ Vom Bundesinnenministerium informiert, hatte der Minister des Inneren der DDR die Volkspolizei auf die Spur von Susanne Albrecht gesetzt. Am 6. Juni 1990 nahmen Kriminalpolizisten sie in ihrer Marzahner Wohnung fest. Erst kurz vorher hatte sie ihrem Mann anvertraut, wer sie wirklich war. Das Stadtbezirksgericht Berlin-Mitte erließ gleich am folgenden Tag Haftbefehl aufgrund eines Antrags der Generalbundesanwaltschaft in Karlsruhe. Als „manipulierte“ DDR-Bürgerin unter falscher Identität wurde sie entgegen Artikel 33 der Verfassung der DDR in die Bundesrepublik ausgeliefert. Sohn und Ehemann blieben in der UdSSR. Binnen zweier Wochen flogen auch die Verstecke der anderen RAF-Mitglieder in der DDR auf. Am 3. Juni 1991 verurteilte der

5. Strafsenat des Stuttgarter Oberlandesgerichts Susanne Albrecht zu einer Freiheitsstrafe von zwölf Jahren, überraschend hoch angesichts der Äußerung des Staatsanwalts, der in ihr ein „kleines Licht“ und „Täter und Opfer zugleich“ sah. Auch hatte Albrecht als Kronzeugin kooperiert. Sie trat die Strafe in Bremen an. Als Freigängerin gab sie Kindern von Migranten Deutschunterricht. Sechs Jahre ihrer Haft wurden ihr auf Bewährung erlassen. Sie arbeitete weiter als Sprachlehrerin an Privatschulen. Im Bürgerschaftswahlkampf 2007 forderte die Bremer CDU ihre Entlassung, doch stellten sich nicht nur Bildungssenator und Bürgermeister vor die beliebte Lehrerin, sondern auch geschlossen die Eltern der Kinder, die bei ihr lernten. Susanne Albrecht lebt mit einer Freundin nach wie vor in Bremen.

Die elfgeschossigen Hochhäuser in der Rosenbecker Straße, wo Susanne Albrecht mit ihrer Familie gewohnt hatte, wurden wegen großen Leerstands im Zuge des Programms „Stadtumbau Ost“ im Jahr 2004 um acht Stockwerke rückgebaut. „Ingrid Beckers“ Wohnung gibt es noch. Sie liegt heute in der oberen Etage eines Dreigeschossers.

An Berlins Schienen, unter Berlins Straßen

Arno Funke

Sein Vorgänger Wilhelm Voigt, der Hauptmann von Köpenick, plante ein „Ding mit Uniformen". Arno Funke alias Dagobert plante ein Ding mit Sprengsätzen. Im Jahr 1988 kam ihm der Gedanke dazu, 38 Jahre alt, geborener Rudower, ein sympathischer Mann, alleinstehend, klamm in Geldbeutel und Kühlschrank, oft durstig nach Alkohol, hoher IQ, von seiner selbstständigen Tätigkeit – schnelle Motorräder kunstvoll lackieren – nicht ausgefüllt, aber die Lunge von den Lackdämpfen angegriffen. „Alles kotzt mich an", zitiert er sich später. „Wenn ich Politiker oder Wirtschaftsboß wäre, [...] gäbe es bestimmt elegantere Möglichkeiten, sich ungesetzlich zu sanieren." Einer von uns unten gegen die Korrupten da oben und die Polizei eine Legion voller Narren – das Publikum ergötzte sich!

Geld brauchte Funke, viel Geld, um seinem „Leben eine neue Richtung zu geben", wie er später sagte. Erpressung hieß der Weg dahin, 500 000 DM von Hertie, sonst würde es im Kaufhaus des Westens krachen. Funke lernte Bomben zu bauen und tüftelte ein Funkgerät aus, mit dem sich kommunizieren ließ, ohne geortet zu werden. Am 11. Mai 1988 erhielt Hertie das Erpresserschreiben und teilte es der Polizei mit: Bares oder es knallt im KaDeWe. Vierzehn Tage später ging die Bombe hoch, nach Plan um Mitternacht im menschenleeren Kaufhaus. Die Geschäftsleitung gab nach. Funke forderte das Geld für den 2. Juni abends. Er versteckte sich nördlich des S-Bahnhofs Papestraße (heute Südkreuz) im Gebüsch am Bahndamm etwa 300 Meter von seiner Arbeitsstätte, einer Fahrzeugwerkstatt an der heutigen Wilhelm-Kabus-Straße. Tatsächlich, 20.55 Uhr warf der Überbringer das Geldpaket am verabredeten Ort aus der S-Bahn, Funke griff es, rannte in seinen Betrieb und entspannte auf der Rückbank eines Reparaturautos. Zwei Stunden lang

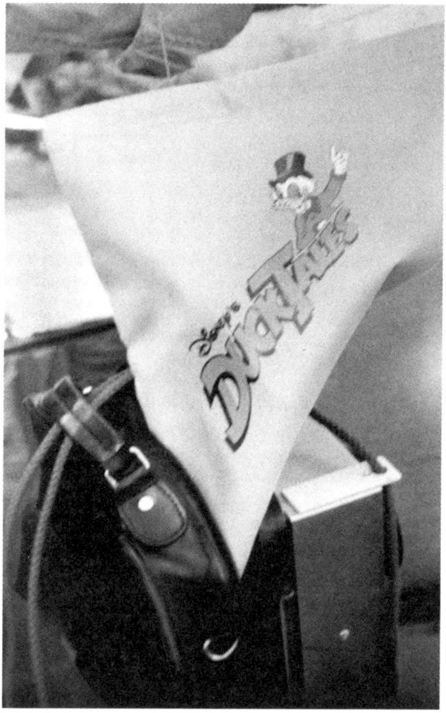

Tasche zur Geldübergabe, von Arno Funke präpariert und mit einem Fähnchen versehen, auf dem die Walt-Disney-Figur Dagobert Duck abgebildet ist. Das Fähnchen sollte Funke zum leichteren Auffinden der Tasche dienen, undatiertes Foto

suchten 400 Polizisten im Lichtschein eines amerikanischen Helikopters, dann gaben sie auf. Der einzige Verdächtige, den sie fassten, konnte vor Schmerzen kaum sprechen. Der Mann kam vom Zahnarzt.

In den nächsten Jahren reiste Funke, heiratete in Manila und wurde Vater eines Sohnes. Die Familie wohnte unauffällig im Mariendorfer Marmaraweg 12 und lebte arbeitsfrei von der KaDeWe-Beute, dem einzigen Erpressergeld, das er je in voller Höhe erhielt. Dann, 1992, ging das Vermögen zur Neige und Funke daran, neues zu erwerben, in der gleichen Weise wie das erste. „Das Planen und Vorbereiten war eigentlich wie ein Spiel, in dem ich meinen Drang zum Tüfteln ausleben konnte“, bekannte er. Um versteckt (auch vor seiner Frau) Explosives basteln zu können, pachtete Funke in Bohnsdorf eine Gartenlaube. Neuer Tatort war Karstadt in Hamburgs Mönckebergstraße. Die Bombe zündete am 13. Juni 1992 um 1.15 Uhr. Vor allem Porzellan kam zu Schaden, aber kein Mensch. Eine Million DM sollte Karstadt zahlen und zum Zeichen der Einwilligung im *Hamburger Abendblatt* ein albernes Sätzchen schalten: „Dagobert grüßt seine Neffen.“ Dagobert Duck – wie lustig! Die Öffentlichkeit hatte ihren Spaß und die Ermittler ihren Spott. Denn wo auch immer sie sich mühten, Geld zu übergeben (und den Täter dabei zu ergreifen), sei es an den Bahndämmen bei Neustrelitz und Reinbek, sei es nach Anschlägen in Bremen und Hannover, sie tappten daneben und im Dunkeln. Die Fäden der Fahndung verknäulten sich im Landeskriminalamt Hamburg. Wie Dagobert aussah oder hieß: keine Peilung. „Der Erpresser ist etwa 25 Jahre […] alt“, wurde vermeldet. „42“ wäre richtig gewesen. In einem waren sich die Ermittler einig: Hinter dem KaDeWe- und den Karstadt-Anschlägen steckte ein und dieselbe Person. Die Landeskriminalämter Hamburg und Berlin kooperierten.

Wie gut, denn Funke wollte das Geld in Berlin übergeben haben. Zweimal misslang es. Beim dritten Mal, am 29. Oktober 1992, versteckte er sich gegen 18 Uhr in der Charlottenburger Gervinusstraße 44 in der Böschung am Fernbahngleis (seit 2019 steht dort ein Apartmenthaus). Der verabredete Zug kam, der letzte Waggon rollte vorbei, per Funk löste Funke das Fallen des Geldpakets aus. Plötzlich Rufe: „Raus! Raus!“, „Halt, stehenbleiben! Polizei!“ Nichts wie weg. Funke trollte den Bahndamm hinab zu seinem Rad. Ein Beamter bekam ihn beim Anfahren zu fassen – und rutschte im Herbstlaub aus. Fort war Funke. Wieder ohne Geld, aber jetzt ließ sich sein Äußeres beschreiben: „Nach Angaben der Polizei ist der Täter 40 bis 50 Jahre alt. Er hat weißblonde, halblange Haare, eine kräftige, sportliche Figur und ist zirka eins fünfundachtzig groß." Zum Lachen fand Funke sein Phantombild. Es passte gar nicht.

Nach zwei weiteren vergeblichen Versuchen der Geldübergabe probierte es Funke – inzwischen betrug seine Forderung 1,4 Millionen DM – auf andere Art. Kostümiert als Bauarbeiter, entfernte er in Britz an der Ecke Fritz-Erler-Allee/Grüner Weg einen Kanaldeckel, zimmerte darüber eine Streusandkiste mit flexiblem Boden und beorderte das Geld für den 19. April 1993 dorthin. An dem Tag wanderte er anderthalb Kilometer durch die Kanalisation, kletterte unter den Deckel und hielt sich dort versteckt. Als er „Ich bin jetzt fertig" hörte, beseitigte er den Boden zwischen sich und der Kiste, fand das Paket, darin einen Sender und – statt Scheinen weiße Schnip-

Die präparierte Streusandkiste, der sich Funke von unten durch die Kanalisation genähert hatte, nach der gescheiterten Geldübergabe, Berlin-Britz, April 1993

sel. Unverrichteter Dinge zog er ab. Nach etwa einer Stunde, der Sender hatte zweimal angeschlagen, öffnete die Polizei die Sandkiste erneut. Ein Loch war im Boden. Sonst nichts! „Auch mir macht diese Erpressung keinen Spaß", klagte Funke der Polizei. Elf Versuche, kein Geld. Der arme Mann ging zum Sozialamt, seine Frau arbeiten.

Des Experimentierens aber war kein Ende. Am 19. Mai bei Karstadt in Bielefeld (hier auch mit Verletzten), am 3. November in Magdeburg, letztmalig am 6. Dezember 1993 am Berliner Hermannplatz platzten noch drei Bomben, aber die Geldübergaben platzten ebenso: am originellsten am 22. Januar 1994 in der Nähe des S-Bahnhofs Jungfernheide auf einem stillgelegten Gleis der Siemensbahn. Funke versteckte sich in einem anrainenden Schrebergarten. Er hatte eine ferngesteuerte Lore gebaut, in die der Überbringer an der Spreebrücke gegen 20.30 Uhr 1,4 Millionen DM legte. Das Fahrzeug sauste los in Richtung Siemensstadt. Polizisten sprinteten im Dunkeln hinterher, stolperten über Drähte und lösten Böller aus, Warnzeichen für Funke. Nach polizeilich gemessenen 872 Metern, wenige Meter vor dem Ziel, kippte die Lore von der Schiene und das Geldpaket auf den Schotter. Funke war bereits geflüchtet. „Das Geld hätte er bekommen", meinte der leitende Hamburger Kriminaldirektor Michael Daleki.

Entdeckt wurde Funke durch einen Zufall. Polizisten fiel an der Glienicker Brücke ein Auto auf mit einem Fahrrad darin. „Der Fahrer", so der Berliner Chefermittler Martin Textor, „hätte sehr nachdenklich ausgesehen." Seine Kollegen notierten das Kennzeichen. Es gehörte zu einem Mietauto, ausgeliehen von einem gewissen Arno Funke, immer an den Tagen der geplanten Geldübergaben. Fortan observierte man es. Am 22. April 1994 war es so weit. Funke parkte den Leihwagen an einer Telefonzelle in der Johannisthaler Hagedorn-, Ecke Pilotenstraße und rief von dort die Polizei an. Unnötig, denn sie wartete vor der Zelle. Um 10.14 Uhr hängte er den Hörer ein. Zugriff! Das Verstecken hatte ein Ende.

Hagedornstraße in Berlin-Treptow, wo Arno Funke am 22. April 1994 verhaftet wurde, 2022

Arno Funke während der Verhandlung im Berliner Landgericht Moabit mit seinem Verteidiger Wolfgang Ziegler (rechts), Januar 1995

Am 14. März 1995, seinem 45. Geburtstag, verurteilte das Landgericht Berlin Arno Funke wegen schwerer räuberischer Erpressung zu einer Freiheitsstrafe von sieben Jahren und neun Monaten, nach Revision auf Antrag der Staatsanwaltschaft fünfzehn Monate später zu neun Jahren. Am 13. August 2000 kam er wegen guter Führung auf Bewährung frei. Karstadt erhielt einen Regressanspruch über 2,5 Millionen DM, den es ab etwa 2006 nicht mehr verfolgte. Funke arbeitet als Karikaturist und Autor, immer noch prominent – ganz wie Wilhelm Voigt, der Schuster in Hauptmannsuniform.

Literaturhinweise

Einführung

Friedel, Ernst: Wanderfahrt nach dem Grunewald (nördlicher Teil), in: *Brandenburgia*, Jg. 16 (1907/08), S. 265.

Beim Amtskollegen

Dominik, Emil: Das Kreuz an der Berliner Marienkirche, in: George, Richard (Hg.): Hie gut Brandenburg allweg! Geschichts- und Kulturbilder aus der Vergangenheit der Mark und aus Alt-Berlin bis zum Tode des Großen Kurfürsten, Berlin 1900, S. 145–149.

Fidicin, Ernst: Berlinische Chronik, Berlin 1868, Sp. 65–72.

Schultze, Johannes: Die Mark Brandenburg, Bd. 2, Berlin (West) 1961.

Schwebel, Oskar: Kulturhistorische Bilder aus der Reichshauptstadt, Berlin 1882.

In der Kiste des Küsters

Hafftitz, Peter: Microcronicon Marchicum, in: Schöttgen, Christian/Kreysig, George Christoph (Hg.): Diplomatische und curieuse Nachlese der Historie von Chur-Sachsen, und angrentzenden Ländern, Tl. 3, Dresden/Leipzig 1731, S. 528–541.

Hartmann, Wilhelm: Zur Erinnerung an Peter Hafftitz [= Separatabdruck aus der Festschrift des Berliner Gymnasiums zum grauen Kloster], Berlin 1874.

Holtze, Friedrich: Die Berolinensien des Peter Hafftitz, in: *Schriften des Vereins für die Geschichte Berlins*, Jg. 31 (1894), S. 1–99.

Locht, Carl: Das Haus des Hans Kohlhase (Fischerstraße 27), in: *Mitteilungen des Vereins für die Geschichte Berlins*, Jg. 33 (1916), S. 72.

Ranke, Leopold von: Kohlhase, Hans, in: Allgemeine Deutsche Biographie, Bd. 16 (1882), S. 448–450.

Ribbe, Wolfgang: Kohlhase, Hans, in: Neue Deutsche Biographie, Bd. 12 (1980), S. 427 f.

Wetzel, Jürgen: Zehlendorf, Berlin (West) 1988.

Auf einsamer Insel

Bahl, Peter: Der Hof des Großen Kurfürsten. Studien zur höheren Amtsträgerschaft Brandenburg-Preußens, Köln/Weimar/Wien 2001.

Pett, Ernst: Die Pfaueninsel. Geschichte und Geschichten zwischen Potsdam und Berlin, Berlin (West) 1966.

Rau, Günter/Rau, Monica: Das Glaslaboratorium des Johann Kunckel auf der Pfaueninsel in Berlin [= Berliner Beiträge zur Vor- und Frühgeschichte, Neue Folge 16], Berlin 2009.

Schneider, Louis: Kunkel v. Löwenstern. Geheim. Kammerdiener und Alchymist des Grossen Kurfürsten auf der Pfaueninsel, in: *Mitteilungen des Vereins für die Geschichte Potsdams*, Jg. 2 (1866), S. 318–346.

Beim Gewürzkrämer

Böttcher, Hans-Joachim: Böttger – Vom Gold- zum Porzellanmacher, Dresden 2011.

Engelhardt, Carl August: Johann Friedrich Böttger, Erfinder des sächsischen Porzellans, Leipzig 1837.

Gelder, Hermann: Zum 150-jährigen Bestehens des Berliner Apothekervereins, in: *Pharmazeutische Zeitung*, Jg. 70 (1925), S. 107–111.

Hoffmann, Klaus: Johann Friedrich Böttger. Vom Alchemistengold zum weißen Porzellan, Berlin (Ost) 1985.

Stürzbecher, Manfred: Zur Biographie Alt-Berliner Apotheker. Pharmaziegeschichtliches aus der Leichenpredigtsammlung des Gymnasiums zum Grauen Kloster in Berlin, in: Bessler, Otto/Seel, Hans/Zaunick, Rudolph (Hg.): Beiträge zur Geschichte der Pharmazie und ihrer Nebengebiete, Bd. 2, Berlin (Ost) 1956, S. 49–75.

Wolff-Beckh, Bruno: Johann Friedrich Böttger, der deutsche Erfinder des Porzellans, Steglitz 1903.

Unter dem Schutz der Heiligen

Arndt, Georg: Das Vordringen Roms in Berlin und in der Mark Brandenburg, Berlin 1930.

Creutz, Ursula: Geschichte der ehemaligen Klöster im Bistum Berlin. In Einzeldarstellungen, Hildesheim 1995.

Escher, Felix: Berliner Toleranz und die katholische Kirche, in: *Berlinische Monatsschrift*, Jg. 2 (1993), H. 12, S. 51–57.

Geiger, Ludwig: Berlin 1688–1840. Geschichte des geistigen Lebens der preußischen Hauptstadt, Bd. 1, Berlin 1893.

Gradowski, Joachim von: Die Lage der Katholiken unter den Hohenzollern von der Reformation bis zum Regierungsantritt des Großen Kurfürsten, in: *Wichmann Jahrbuch*, Jg. 17/18 (1963/64), S. 49–76.

Landwehr, Hugo: Die Kirchenpolitik Friedrich Wilhelms des Großen Kurfürsten, Berlin 1894.

Mörsdorf, Josef: Kirchliches Leben im alten Berlin. Von der Glaubenseinheit zum Glaubensstreit und zur Anbahnung religiöser Duldung, Berlin (West) 1962.
Pohl, Joachim: Das Benediktinerinnenkloster St. Marien zu Spandau und die kirchlichen Einrichtungen der Stadt Spandau im Mittelalter, Köln/Weimar/Wien 1996.
Schwillus, Harald/Brühe, Matthias: Erzbistum Berlin. Eine junge Diözese in langer Tradition, Kehl am Rhein 2009.
Stegmann, Andreas: Die Reformation in der Mark Brandenburg, Leipzig 2017.

Im Accouchirhaus

Jaeckel, Gerhard: Die Charité. Die Geschichte eines Weltzentrums der Medizin, Bayreuth 1986.
Marz, Ilona: Das Charité-Lazarett (1710–1790), in: Bleker, Johanna/Hess, Volker (Hg.): Die Charité. Geschichte(n) eines Krankenhauses, Berlin 2010, S. 18–43.
Scheibe, Oskar: 1710–1910. Zweihundert Jahre des Charité-Krankenhauses zu Berlin, Berlin 1910.
Ulbricht, Otto: Kindsmord und Aufklärung in Deutschland, München 1990.
Wolff, Horst-Peter/Wolff, Jutta: Die Berliner Hebammen-Schule, in: Klein, Helmut (Hg.): Die Charité in der Geschichte der Berliner Medizin (1710–1987) [= *Wissenschaftliche Zeitschrift der Humboldt-Universität zu Berlin*, Jg. 36], Berlin (Ost) 1987, S. 47–49.

Auf dem Dach des Spukpavillons

Hoffmann, Andreas: Der Pavillon auf dem Pichelsberg, in: Engel Helmut/Jersch-Wenzel, Stefi/Treue, Wilhelm (Hg.): Geschichtslandschaft Berlin. Orte und Ereignisse, Bd. 1, T. 2, Berlin (West) 1985, S. 5–10.
Friedel, Ernst: Wanderfahrt nach dem Grunewald (nördlicher Teil), in: *Brandenburgia*, Jg. 16 (1907/08), S. 257–265.
Pappenheim, Hans Eugen: Das Belvedere auf dem Pichelsberg, in: *Jahrbuch für brandenburgische Landesgeschichte,* Jg. 7 (1956), S. 25–34.
Pomplun, Kurt: Berliner Allerlei, Berlin (West) 1976.
Sternaux, Ludwig: Märkischer Bilderbogen, Berlin 1937.

Wo etwas zu holen oder hehlen ist

Boehncke, Heiner/Sarkowicz, Hans: Die Metropole des Verbrechens. Räuber und Gauner in Berlin und Brandenburg, Frankfurt a. M. 1997.

Brücker-Friedenau, Hermann: Die Brandstiftungen der Horstschen Bande in Schöneberg und Steglitz im Jahre 1810. Nach Kleists Berliner Abendblättern und anderen Blättern, Berlin-Schöneberg 1926.

Hermann, Heinrich Ludwig: Kurze Geschichte des Criminal-Processes wider den Brandstifter Johann Christoph Peter Horst und dessen Geliebte, die unverehligte Friederike Louise Christiane Delitz, Berlin 1819.

Hoffmann, Andreas: Berlin wird morgen abgebrannt. Die Geschichte eines Brandstifter-Pärchens samt ihres angerichteten Schadens, Berlin 1998.

Kirchschlager, Michael (Hg.): Preußische Kriminalchronik hingerichteter Verbrecher. Nach alten Kriminalakten und Selbstzeugnissen erzählt, Arnstadt 2008.

Bei einem Herzensfreund

Arndt, Ernst Moritz: Erinnerungen aus dem äußeren Leben, Rudolstadt 1953.

Boeckh, Walther: Ernst Moritz Arndt und sein Berliner Freundeskreis aus der „Gesetzlosen" und „Griechischen Gesellschaft", in: *Zeitschrift des Vereins für die Geschichte Berlins*, Jg. 54 (1937), S. 83–86.

Jonas, Fritz: Reimer, Georg Andreas, in: Allgemeine Deutsche Biographie, Bd. 27 (1888), S. 709–712.

Kettig, Konrad: Demagogenverfolgungen in Berlin im Jahre 1819, in: *Der Bär von Berlin*, Jg. 31 (1982), S. 7–58.

Reimer, Doris: Passion & Kalkül. Der Verleger Georg Andreas Reimer (1776–1842), Berlin/New York 1999.

Reimer, Hermann Andreas: Georg Andreas Reimer. Erinnerungen aus seinem Leben insbesondere aus der Zeit der Demagogen-Verfolgung, Berlin 1900.

Im Haus des Hofgärtners

Börner, Karl-Heinz: Wilhelm I. Deutscher Kaiser und König von Preußen. Eine Biographie, Berlin (Ost) 1984.

Börner, Karl-Heinz (Hg.): Prinz Wilhelm von Preußen an Charlotte. Briefe 1817–1860, Berlin 1993.

Bunsen, Marie von: Kaiserin Augusta, Berlin 1940.

Feuerstein-Praßer, Karin: Augusta. Kaiserin und Preußin, München 2011.

Leuthold, Dieter (Hg.): Ein Bremer rettet den Kaiser. Die Flucht des Prinzen Wilhelm im Jahre 1848 aus Berlin, nach den Erinnerungen von August Oelrichs, Bremen 1998.

Schulze-Wegener, Guntram: Wilhelm I. Deutscher Kaiser. König von Preußen. Nationaler Mythos, Hamburg 2015.

Am Zuchthaus

Keßler, Walter: Ein eigenwilliger Westfale. Georg Brune, wichtigster Helfer bei Gottfried Kinkels Befreiung aus dem Zuchthaus Spandau, in: *Stadt Erftstadt Jahrbuch*, Jg. 31 (2022), S. 41–48.

Lamp, Eleonore: Gottfried Kinkels Befreiung aus dem Zuchthaus in Spandau durch Karl Schurz. Aus den Lebenserinnerungen von Karl Schurz, Bielefeld 1926.

Manke, Matthias: „... daß ich Sie unter allen Umständen Freund würde nennen dürfen." Die Briefe von Theodor Schwarz an Gottfried Kinkel 1851–1862, in: *Mecklenburgische Jahrbücher*, Jg. 117 (2002), S. 311–375.

Schurz, Carl: Sturmjahre. Lebenserinnerungen 1829–1852, Berlin (Ost) 1973.

Wulfert, Ernst H.: Die Befreiung Gottfried Kinkels aus dem Zuchthaus Spandau. Der Sassendorfer Georg Brune war an dem waghalsigen Unternehmen beteiligt, in: *Jahrbuch Westfalen*, Jg. 64 (2010), S. 191–197.

Im Hinterzimmer einer Kneipe

Beachy, Robert: Das andere Berlin. Die Erfindung der Homosexualität. Eine deutsche Geschichte 1867–1933, Berlin 2015.

Berliner Tageblatt, 1. Dezember 1885 (Morgenausgabe).

Friedländer, Hugo: Aus dem homosexuellen Leben Alt-Berlins, in: *Jahrbuch für sexuelle Zwischenstufen*, Jg. 14 (1914), S. 45–63.

Hirschfeld, Magnus: Die Homosexualität des Mannes und des Weibes, Berlin 1914.

Karsch-Haack, Ferdinand: Erotische Großstadtbilder als Kulturphänomene, H. 1, Berlin 1926, S. 56–71.

Ostwald, Hans: Das Berliner Dirnentum. Männliche Prostitution, Leipzig 1906.

Theis, Wolfgang/Sternweiler, Andreas: Alltag im Kaiserreich und in der Weimarer Republik, in: Eldorado. Homosexuelle Frauen und Männer in Berlin 1850–1950. Geschichte, Alltag und Kultur [= Ausstellungskatalog], Berlin (West) 1984, S. 48–73.

Am Tatort

Berliner Gerichtszeitung vom 21. bis 26. Mai 1887.

Königlich privilegirte Berlinische Zeitung von Staats- und gelehrten Sachen vom 12. April bis 26. Mai 1887.

Lindau, Paul: Interessante Fälle. Kriminalprozesse aus neuester Zeit, Breslau 1888.

Von Ort zu Ort

Breucker, Wilhelm: Die Tragik Ludendorffs. Eine kritische Studie auf Grund persönlicher Erinnerungen an den General und seine Zeit, Stollhamm 1953.
Breucker, Wilhelm: Zu den Angriffen auf Ludendorff, in: *Berliner Lokal-Anzeiger* vom 3. Januar 1919.
Cavallie, James: Ludendorff und Kapp in Schweden. Aus dem Leben zweier Verlierer, Frankfurt a. M. 1995.
Ludendorff, Erich: Meine Lebenserinnerungen von 1919 bis 1925, München 1941.
Ludendorff, Margarethe: Als ich Ludendorff's Frau war, München 1929.

Im Speisezimmer

Gélieu, Claudia von: Rosa Luxemburg in Berlin. Ein biografischer Stadtführer, Berlin 2021.
Gietinger, Klaus: Eine Leiche im Landwehrkanal. Die Ermordung Rosa Luxemburgs, Hamburg 2008.
Laschitza, Annelies: Die Liebknechts. Karl und Sophie – Politik und Familie, Berlin 2007.
Liebknecht, Karl: Trotz alledem!, in: *Die Rote Fahne* vom 15. Januar 1919.
Pieck, Wilhelm: Gesammelte Reden und Schriften, Bd. 1, Berlin (Ost) 1959.
Piper, Ernst: Rosa Luxemburg. Ein Leben, München 2018.
Wohlgemuth, Heinz: Karl Liebknecht. Eine Biographie, Berlin (Ost) 1973.

An prominenter Ecke

Brandt, Willy: Links und frei. Mein Weg 1930–1950, Hamburg 1982.
Brandt, Willy/Lania, Leo: Mein Weg nach Berlin, München 1960.
Lenz, Gertrud: Gertrud Meyer. Eine politische Biographie, Dissertation Flensburg 2010.
Prittie, Terence: Willy Brandt. Biographie, Frankfurt a. M. 1973.
Schöllgen, Gregor: Willy Brandt. Die Biographie, München 2003.

In der Wohnung des SS-Mannes

Andreas-Friedrich, Ruth: Der Schattenmann. Tagebuchaufzeichnungen 1938–1945, Frankfurt a. M. 1986.

Benz, Wolfgang: Protest und Menschlichkeit. Die Widerstandsgruppe „Onkel Emil“ im Nationalsozialismus, Ditzingen 2020.
Friedrich, Karin: Zeitfunken. Biographie einer Familie, München 2000.

Hinten in der Wäscherei

Deutschkron, Inge: Sie blieben im Schatten. Ein Denkmal für „Stille Helden“, Berlin 1996.
Deutschkron, Inge: Ich trug den gelben Stern, Köln 1978.
Hoffmann, Andreas: Die Wäscherei Gumz und ihre Nachbarschaft Knesebeckstraße 17, in: Engel, Helmut/Jersch-Wenzel, Stefi/Treue, Wilhelm (Hg.): Geschichtslandschaft Berlin. Orte und Ereignisse, Bd. 1, Tl. 2, Berlin (West) 1985, S. 220–229.
Kolneder, Wolfgang (Hg.): Daffke …! Die vier Leben der Inge Deutschkron. 70 Jahre erlebte Politik, Berlin 1994.
Schmitz, André/Tuchel, Johannes (Hg.): Liebe Inge, Herzlich [= Festschrift für Inge Deutschkron zum 90. Geburtstag], Berlin 2012.

Neben dem Luftschutzraum

Herzberg, Heinrich: Dienst am höheren Gesetz. Dr. Margarete Sommer und das „Hilfswerk beim Bischöflichen Ordinariat Berlin“, Berlin 2000.
Röhm, Eberhard/Thierfelder, Jörg: Juden – Christen – Deutsche 1933–1945, Tl. 4/1, Stuttgart 2004.
Schulz, Peter: Die Zwei im Keller, in: *Prenzlauer Berg Nachrichten* vom 9. November 2022.
Thierse, Irmtraut: Katholische Kirche Herz-Jesu Berlin-Prenzlauer Berg, Berlin 1998.

Im Schrebergarten

Henschke, Thomas: Hans Rosenthal. Ein Leben für die Unterhaltung, Berlin 1999.
Rosenthal, Hans: Zwei Leben in Deutschland, Bergisch Gladbach 1980.
Schäbitz, Michael: Hans Rosenthal. Deutschlands unvergessener Quizmaster. Bewusster, stolzer Jude [= Jüdische Miniaturen, H. 19], 2. Aufl., Berlin 2016.

Bei der Drogistin

Enzensberger, Hans Magnus: Hammerstein oder: Der Eigensinn. Eine deutsche Geschichte, Frankfurt a. M. 2007

Hammerstein, Kunrat von: Flucht: Aufzeichnungen nach dem 20. Juli, Freiburg i. Br. 1966.

Hammerstein, Ludwig von: Unsere Zukunft hängt davon ab, dass wir nicht in Unkenntnis der Vergangenheit die Zukunft versuchen [= Vortrag in Bornstedt 1993, veröffentlicht von der Gedenkstätte Deutscher Widerstand], Berlin 2005.

Hammerstein, Ludwig von: Der 20. Juli 1944. Erinnerungen eines Beteiligten [= Vorträge, Reden und Berichte aus dem Europa-Institut – Sektion Rechtswissenschaft, Nr. 312], Saarbrücken 1994.

Korfmann, Hans W.: Die Oranienstraße 33, in: *Kreuzberger Chronik*, H. 161 (2014), S. 4 f.

Zu Füßen eines Engels

Andreas-Friedrich, Ruth: Der Schattenmann. Tagebuchaufzeichnungen 1938–1945, Berlin 1947.

Trenk, Alf (Hg.): Oskar Huth. Überlebenslauf, Berlin 2001.

Vogel, Ilse-Margret: Über Mut im Untergrund. Eine Erzählung von Freundschaft, Anstand und Widerstand im Berlin der Jahre 1943–1945, Berlin 2014.

Oben auf der Empore

Gebhardt, Miriam: Als die Soldaten kamen. Die Vergewaltigung deutscher Frauen am Ende des Zweiten Weltkrieges, München 2015.

Grüber, Heinrich: Erinnerungen aus sieben Jahrzehnten, Köln/Berlin 1968.

Hamann, Dorothea-Sophie: Erinnerungsbericht über ihre Zeit als Vikarin in Kaulsdorf 1940–1952 [= Kirchenchronik Kaulsdorf], maschinenschriftlich, Berlin (Ost) o. D.

Kuby, Erich: Die Russen in Berlin 1945, München/Berlin/Wien 1965.

Sander, Helke/Johr, Barbara (Hg.): BeFreier und Befreite – Krieg, Vergewaltigungen, Kinder, München 1992.

Winkler, Dieter: Heinrich Grüber und die Kaulsdorfer, in: *Hellersdorfer Heimathefte*, H. 1 (1992), S. 30–32.

Über einem Einbauschrank

Eisenring, Christoph: „Das eingemauerte Leben“, in: *Neue Zürcher Zeitung* vom 21. Januar 2017.

Roch, Matthias: Kein Mensch kennt dieses Versteck: Die Flucht der Unternehmerfamilie Schoening aus der DDR [= Ausstellungskatalog Museum Pankow], Berlin 2017.

Unter Feinden

Kirschey, Peter: „CIA-Horchposten und sein Misserfolg. Vor 50 Jahren wurde in Altglienicke der US-amerikanische Spionagetunnel ‚entdeckt'", in: *Neues Deutschland* vom 24. April 2006.

Kostka, Bernd von/Vogler, Annette: „Ist ja fantastisch!". Die Geschichte des Berliner Spionagetunnels, Berlin 2006.

Rollmann, Niko: Unter Berlin. Verborgene Orte im Untergrund der Stadt, Berlin 2014.

Unverfehrt, Viola: „55 Jahre Spionagetunnel Altglienicke. Ausstellungseröffnung", in: *Der Altglienicker*, Jg. 20 (2011), H. 230, S. 1 f.

Drei Meter unter der Mauer

Arnold, Dietmar/Kellerhoff, Sven Felix: Unterirdisch in die Freiheit. Die Fluchttunnel von Berlin, Berlin 2015.

Detjen, Marion: Ein Loch in der Mauer. Die Geschichte der Fluchthilfe im geteilten Deutschland 1961–1989, München 2005.

Sikorski, Werner: „Flucht durch den Tunnel: Anführer war ein 81jähriger!", in: *B.Z.* vom 19. Mai 1962. S. 1.

Wendt, Hartmut: Die deutsch-deutschen Wanderungen – Bilanz einer 40-jährigen Geschichte von Flucht und Ausreise, in: *Deutschland Archiv*, Jg. 24 (1991), H. 4, S. 386–395.

Zielinski, Hans: „Mit dem Seitengewehr gruben sie den Tunnel", in: *Die Welt* vom 19. Mai 1962.

In einer konspirativen Wohnung

Baumann, Michael: Wie alles anfing, Gießen 1977.

Enzensberger, Ulrich: Die Jahre der Kommune I. Berlin 1967–1969, Köln 2004.

Kunzelmann, Dieter: Leisten Sie keinen Widerstand. Bilder aus meinem Leben, Berlin 1998.

Reimann, Aribert: Dieter Kunzelmann. Avantgardist, Protestler, Radikaler, Göttingen 2009.

Im Haus für geschlagene Frauen

Frank, Marie: „Schutzraum im Villenviertel", in: *Die Tageszeitung* vom 29. September 2022.

Nolte, Barbara: „Schutz vor häuslicher Gewalt. Festung der Ehefrauen", in: *Der Tagesspiegel* vom 16. November 2016.

Schwarzer, Alice: „Ein Tag im Haus für geschlagene Frauen", in: *Emma* vom 1. März 1977.

Im Plattenbau

Aust, Stefan: Der Baader-Meinhof-Komplex, Hamburg 2020.

Decker, Kerstin: „RAF-Doku ‚Die Folgen der Tat': Urteil: lebenslänglich? Die Geschichte der Täterfamilie Albrecht", in: *Der Tagesspiegel* vom 25. Mai 2015.

Gollwitzer, Helmut: Sich kümmern um die Verkümmerten und Benachteiligten. An meinen Patensohn Lukas Ohnesorg, in: Böll, Heinrich/Duve, Freimut/Staeck, Klaus (Hg.): Briefe zur Verteidigung der Republik, Reinbek 1977, S. 50–53.

Schrep, Bruno: „Der Verrat", in: *Der Spiegel* vom 17. Oktober 2007.

Sontheimer, Michael: „Natürlich kann geschossen werden." Eine kurze Geschichte der Roten Armee Fraktion, München 2011.

An Berlins Schienen, unter Berlins Straßen

Berliner Zeitung vom 12. Juni 2022.

Evers, Tim: Jagd auf Dagobert [= Fernsehdokumentation des Rundfunk Berlin-Brandenburg], 3 Teile, Berlin 2022.

Funke, Arno: Mein Leben als Dagobert. Die Bekenntnisse des Kaufhauserpressers, Berlin 1998.

Schütz, Jutta: „‚Dagobert' wird 65 – hat aber keine Lust auf Rente", in: *Berliner Morgenpost* vom 14. März 2015.

Bildnachweis

Archiv der sozialen Demokratie/Friedrich-Ebert-Stiftung, Bonn: 97
Bundesarchiv: 93 (Bild 183-G0506-0600-002), 151(Bild 183-37896-0002/Horst Sturm), 178 (Bild 183-1990-0611-020/Klaus Franke)
Deutsches Dokumentationszentrum für Kunstgeschichte – Bildarchiv Foto Marburg: 51
Gedenkstätte Deutscher Widerstand: 104, 108, 110, 115, 128, 142
Ernst Grau: Berliner Sagen und Geschichten, Berlin (Ost) 1954, S. 13: 15
Regina Gumz (Privatarchiv): 111
Christoph Hehl: Die Herz-Jesu-Kirche zu Berlin, Berlin 1899, Tafel 1: 116
Magnus Hirschfeld: Berlins Drittes Geschlecht, Berlin/Leipzig 1904, S. 60: 75
Adolf Hofmeister/Erich Randt/Martin Wehrmann (Hg.): Pommersche Lebensbilder, Bd. 3, Stettin 1939, S. 226: 57
Andreas Hoffmann: 16, 26, 49, 65, 95, 102, 103, 118, 123 u., 130, 135, 143, 148, 154, 160, 164, 172, 185 o.
Katholische Gemeinde Herz Jesu, Berlin-Prenzlauer Berg, Gemeindearchiv: 117
Gustav König: Dr. Martin Luther: Der deutsche Reformator. In bildlichen Darstellungen, Zwickau 1904, S. 95, Tafel 44: 21
Markus Krause (Privatarchiv): 134
Johannes Kunckel: Ars vitraria experimentalis, Frankfurt a. M./Leipzig 1689, Frontispiz: 24
Landesarchiv Berlin: 123 o. (F Rep. 290 Nr. 0252907/Fotograf: Gunnar Kosnick)
Erich Ludendorff: Meine Lebenserinnerungen von 1919 bis 1925, München 1941, vor S. 17: 85; nach S. 32: 88
Josef Mörsdorf: Kirchliches Leben im alten Berlin. Von der Glaubenseinheit zum Glaubensstreit und zur Anbahnung religiöser Duldung, Berlin (West) 1962, S. 59: 37
Museum Pankow: 145, 146
Oskar-Huth-Gesellschaft (Hg.): Für den Fall der Nüchternheit. Almanach zum 60. Geburtstag von Oskar Huth, Berlin (West) 1978, S. 11: 137
Kurt Pomplun: Berliner Allerlei, Berlin (West) 1975, S. 87: 19
Doris Reimer: Passion & Kalkül. Der Verleger Georg Andreas Reimer (1776–1842), Berlin/New York 1999, S. 119: 59

Gert Rosenthal (Privatarchiv): 125
Uwe Schoening: 145, 146
SLUB Dresden, Deutsche Fotothek: 105 (Abraham Pisarek)
Staatliche Kunstsammlungen Dresden/Kupferstich-Kabinett: 41 (Inventarnummer A 13564)
Stiftung Stadtmuseum Berlin: 54
ullstein bild: 163, 167 (dpa), 181 (Röhrbein), 183 (dpa), 185 u. (CARO/Jandke)
Verlag für Berlin-Brandenburg (Archiv): 69, 91, 99, 176
Wikimedia Commons: 29, 31, 43, 46, 58, 63, 68, 72, 82, 86

Dank

Mein Dank gilt allen, die mir beim Aufstöbern und Beschreiben der Verstecke und Versteckten halfen: den stets freundlichen und zuvorkommenden Damen und Herren in der Berliner Stadtbibliothek und den Häusern der Staatsbibliothek zu Berlin Preußischer Kulturbesitz, die mir Zugang zu ihren Schätzen gewährten, Susanne Brömel von der Gedenkstätte Deutscher Widerstand, Asena Dizbay von der Friedrich-Ebert-Stiftung in Bonn, Bernt Roder und Anna Eisenberg vom Museum Pankow, Sabine Hank von der Stiftung Neue Synagoge Berlin – Centrum Judaicum, Steffi Jawer, Volkmar Hänel und Joachim Klee von der Evangelischen Gemeinde Kaulsdorf, Matthias Kohl von der Pfarrei Herz Jesu in Berlin-Mitte und Markus Krause von der Villa Grisebach für Rat und Tat mit Wort und Bild und Regina Gumz, die gestattete, die Bilder ihrer Großeltern und ihres Vaters zu verwenden. Hermann Kellermann und Margarita Ernst halfen dankenswerterweise, Adressen zu ermitteln. Ganz besonders gedankt sei Gert Rosenthal für die Fotos seines Vaters und die Aufmerksamkeit und Zeit, die er dem Projekt gewidmet hat, und ganz gewiss nicht zuletzt Hildegard Schneider, meiner Frau, für ihre Geduld und aufmunternde Textkritik.

Der Autor

Andreas Hoffmann, gebürtiger Berliner, studierte in Tübingen und Aberystwyth, arbeitete für die Historische Kommission zu Berlin und an einem Gymnasium. Seit 1984 publiziert er mehr oder minder Wichtiges, Vergangenes, aber immer Interessantes über den Menschenschlag an der Spree. Er lebt und schreibt in Berlin. Ein Versteck brauchte er bisher nicht.